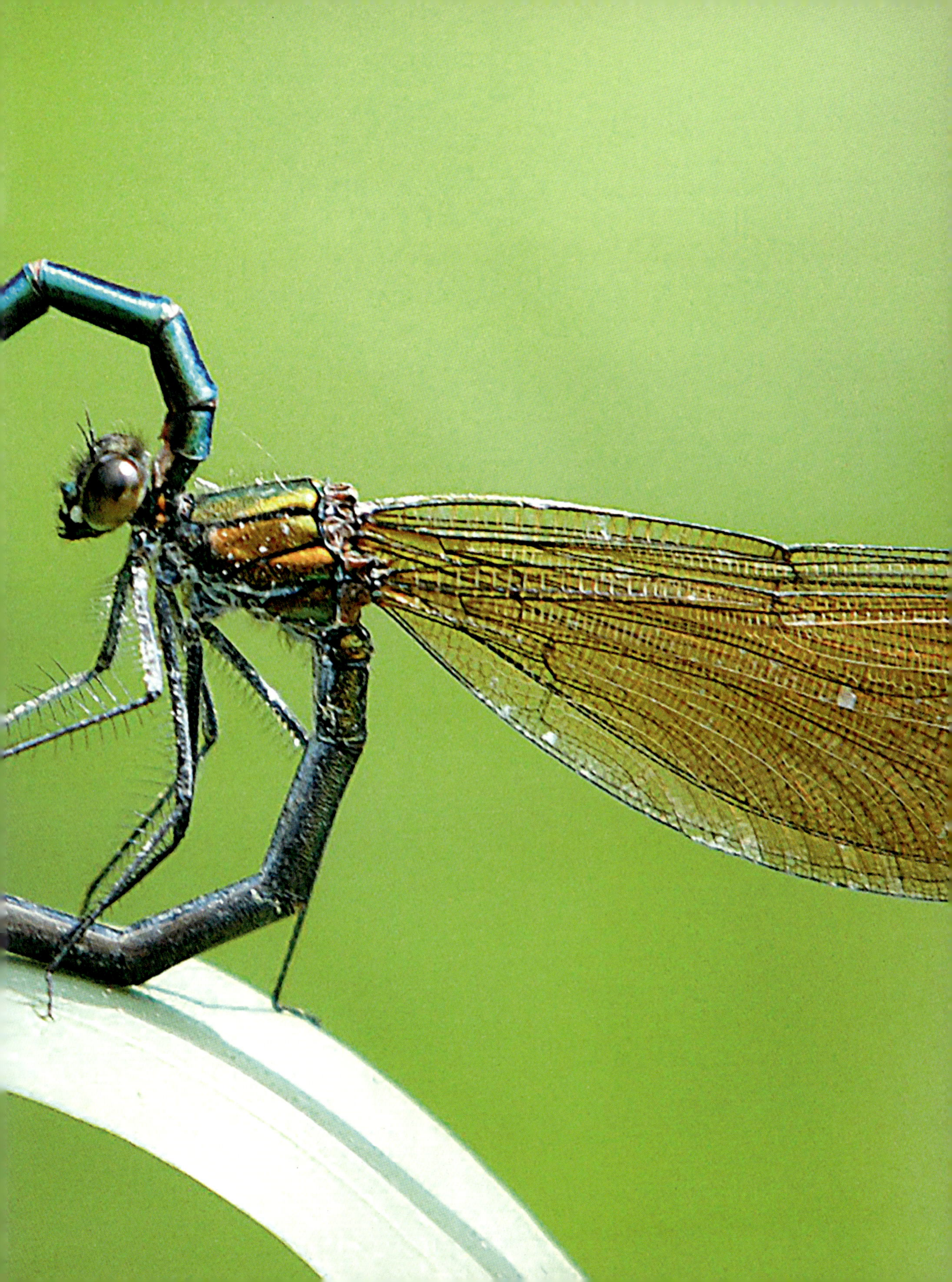

LES ANIMAUX AMOUREUX

D'APRÈS LE FILM DE LAURENT CHARBONNIER

Textes PASCAL PICQ

Photographies ÉRIC TRAVERS

chêne

« N'y a-t-il pas une véritable grandeur dans cette manière d'envisager la vie, avec ses puissances diverses attribuées primitivement par le Créateur à un petit nombre de formes, ou même à une seule ? Or, tandis que notre planète, obéissant à la loi fixe de la gravitation, continue à tourner dans son orbite, une quantité infinie de belles et admirables formes, sorties d'un commencement si simple, n'ont pas cessé de se développer et se développent encore ! »

Charles Darwin, dernière phrase de l'ouvrage *De l'origine des espèces par voie de sélection naturelle*, 1859.

Sommaire

De l'amour dans la nature

Des animaux peuvent-ils être amoureux ? Le simple fait de poser la question heurte la longue tradition de la pensée occidentale, qui ne voit dans les animaux que des machines mues par des instincts. Si des animaux s'unissent, c'est avant tout pour copuler, pour assurer la fécondation, le plus souvent excités par les effluves des phéromones ou soumis au rythme implacable des saisons. Les animaux s'accouplent le temps de procréer, mais ne forment pas de couples unis par l'attachement. Pas d'affect, que des fonctions dictées par la seule exigence de la reproduction.

Il y a pourtant des animaux, de drôles d'oiseaux comme les empereurs, qui se mettent en couple pour élever un seul petit, aussi fragile que demandeur. Deux parents sans cesse accaparés par l'exigence de protéger et de nourrir leur précieuse progéniture, aussi unique que fragile. Ils ne sont pas unis par le sexe mais par la reproduction, une femelle et un mâle qui après quelques rares copulations se répartissent les tâches, contraints de se séparer, de s'éloigner à tour de rôle pour quérir de la nourriture. Pesante nécessité de la reproduction qui laisse peu de loisir à l'affection, aux sentiments amoureux entre les parents. Mais, après tant d'épreuves, pourquoi des couples se reforment-ils l'année suivante ?

Être amoureux ne signifie pas qu'il ne faut penser qu'au sexe. Cependant, peut-on parler d'amour sans sexe ? Des philosophes comme Platon y ont réfléchi, Nietzsche s'en est inquiété, mais ce sont des hommes qui pensent, pas des animaux, justement. Le sexe n'est-il pas ce qu'il y a de plus animal, de plus instinctif chez l'Homme ? L'amour, comme l'amour courtois, ne serait-il pas une sublimation qui dégage l'Homme de l'Animalité ? Si l'amour requiert d'être à deux, le dualisme cartésien écarte l'idée d'amour chez les animaux. N'en déplaise à une certaine tradition philosophique et anthropocentrique de l'Occident, la science et l'éthologie nous invitent à un réenchantement du monde, et il commence avec *Les Animaux amoureux*.

01
Une si longue évolution avant de se mettre à deux

La vie, l'évolution et le sexe

Bien avant que n'apparaissent les animaux, bien avant qu'ils ne se mettent en quête d'un partenaire pour se reproduire, il y eut une très longue période de l'histoire de la vie pendant laquelle les formes les plus simples de la vie ont échangé des portions de matériel génétique, la sexualité, avant de maîtriser les échanges entre deux individus reproducteurs, le sexe. Histoire d'une longue séparation avant l'apparition des animaux amoureux.

CI-CONTRE

Avant qu'éclose ce jeune canard, la vie invente la sexualité et la nécessité pour les individus des espèces sexuées de se rencontrer pour engendrer un être différent, pour une reproduction qui ne produit que de la différence, chaque individu étant unique dans l'histoire de la vie.

La vie est une évidence en quête de définition. Combien de livres pour tenter de dire ce qu'elle est ? En toute simplicité, elle se caractérise par une propriété vitale, justement, qui est la reproduction. Les individus, qu'ils soient unicellulaires ou pluricellulaires, donnent vie à d'autres individus qui peuvent être identiques, dans ce cas il n'y a pas de sexualité, ou différents, grâce à la sexualité. Donc la vie semble animée d'une exigence, produire toujours plus d'individus vivants. Seulement cela finit par créer des difficultés, car il faut bien trouver les éléments nécessaires à la constitution de nouveaux individus et surtout pour assurer les besoins nutritifs et énergétiques de tout ce petit monde plein de vie. Les ressources étant limitées sur notre belle planète Terre, cela conduit inévitablement à la compétition entre les organismes vivants. Ainsi naît l'évolution, et c'est aussi de là que naquit le sexe. La vie, par ce qu'elle a de plus fondamental, a créé elle-même des variations sur le thème de la reproduction qui commencent par la simple division cellulaire et s'épanouissent dans les jeux de l'amour. Dans l'histoire de la vie, le divorce précède l'union.

Le plus simple consiste donc à scinder avec un partage équitable du matériel génétique. C'est une évidence pour les célibataires obligés de la multitude innombrable des êtres unicellulaires. Les choses se compliquent avec les organismes pluricellulaires, ce qui nous renvoie à une vieille histoire qui a longtemps perturbé la biologie : la science de la vie. En effet, comment expliquer que chez les espèces sexuées, les enfants ressemblent à leurs parents tout en étant différents ? L'idée la plus admise était que les individus acquièrent au cours de leur vie divers caractères en raison de

leurs habitudes et qu'ils les transmettent à leur descendance, ce qu'on appelle la transmission des caractères acquis. Les différences entre les individus proviennent de ces caractères acquis en réponse aux caractéristiques de l'environnement. Une idée apparemment logique, que l'on retrouve chez tous les naturalistes jusqu'à ce que Auguste Weissman tranche la question au tournant du XXe siècle en découvrant deux types de cellules : les cellules somatiques, celles qui constituent les différentes parties de l'organisme et les cellules germinales, ou cellules sexuelles, que sont les ovules et les spermatozoïdes. Seules ces dernières transmettent le matériel génétique de l'individu, qui reste inchangé depuis sa conception jusqu'à sa mort. Toutes les variations de la sexualité viennent de là, de la nécessité d'être plusieurs pour que se joignent les cellules germinales des deux sexes afin de se reproduire. Dès lors, le terme de reproduction devient bien mal approprié. Se reproduire, c'est ce que font les unicellulaires, alors que les organismes sexués produisent de la différence.

Unicellulaire et unisexe

La reproduction chez les bactéries et les organismes unicellulaires ne se fait que par le divorce. On est seul, puis on se sépare à l'identique et en bons termes. C'est de la reproduction au sens strict, de la duplication pour faire du même. Il y a parfois des erreurs de copie, des mutations, qui produisent des êtres différents de leur parent,

CI-DESSUS

Le crabe violoniste joue de sa grosse patte asymétrique et surdimensionnée pour séduire les femelles de passage. Plusieurs crabes se rassemblent pour former un orchestre bien silencieux. Le premier qui bat la mesure entraîne les autres et, le plus souvent, attire la femelle qui a tout déclenché par sa présence. Cette grosse pince est un handicap qui lui donne une chance de mieux se reproduire à défaut de mieux se nourrir. Un exemple de conflit entre les facteurs de sélection sexuelle, qui favorisent la fertilité, et les facteurs de sélection naturelle, qui assurent la viabilité.

car il s'agit là d'une vraie monoparentalité. La vie est simple comme un au revoir : une cellule, une séparation, pas d'enfance, pas de développement, pas d'éducation… Et ça marche puisque les bactéries représentent les plus anciennes formes de vie sur la Terre et, 4 milliards d'années plus tard, elles composent encore la plus grande partie de toute la masse des formes de vie. Elles colonisent tous les milieux, du fond des océans aux circonvolutions de nos intestins, parfois amies, parfois ennemies. Alors pourquoi se compliquer la vie avec le sexe ?

Bien que dépourvues de cerveau et donc de libido, quelques bactéries se livrent à des prémices qui annoncent la sexualité. Le sexe consiste à échanger des informations génétiques, des fragments d'ADN (acide désoxyribonucléique), entre des individus. Beaucoup de bactéries vont à la pêche à l'ADN libéré par d'autres bactéries qui dérivent à vau-l'eau et l'intègrent dans leur propre génome. Cette loterie hasardeuse s'accommode d'opportunités. Certaines bactéries préfèrent assurer des échanges plus fiables en pratiquant la conjugaison. Elles se joignent et échangent des fragments d'ADN enroulés appelés plasmides. Ceux-ci passent d'une bactérie à l'autre grâce à un petit tube nommé *pilus*. Certains de ces plasmides sont incorporés dans le génome de l'hôte ou restent dans la cellule, comme des parasites. En fait, ainsi qu'on le verra, le parasitisme et le sexe sont liés à bien des égards. Cela se passe ainsi

CI-DESSUS
Les crocodiles et les hippopotames vivent dans les mêmes mares, les mêmes fleuves et les mêmes marigots. Leurs lignées se sont séparées depuis plus de 250 millions d'années bien qu'ils appartiennent au grand groupe des amniotes, les animaux chez lesquels l'œuf fécondé se développe dans une coquille (l'œuf avec une membrane ou une coquille) ou une enveloppe (l'utérus) qui renferme un liquide nourricier dit amniotique. C'est l'une des inventions les plus fondamentale, de l'histoire de la vie, qui entraîne des stratégies de reproduction très différentes entre les femelles et les

chez les célèbres *Escherichia coli*, ces bactéries qui, bien loin de nous parasiter, habitent nos intestins.

mâles. Au moment des amours, la femelle crocodile se rend prudemment sur le territoire du mâle, avec une attitude soumise et le bout du museau sortant de l'eau. Si tout se passe bien, ils se caressent et nagent de concert en faisant des cercles. Après quelques jours, ils plongent et s'accouplent au fond de l'eau. C'est moins romantique chez les hippopotames, où les mâles se battent pour écarter les autres prétendants et assurer leur priorité sur les femelles fécondes. Ils se livrent tout de même à quelques évolutions aquatiques avant de s'accoupler au fond de l'eau.

Les paramécies sont des êtres unicellulaires plus complexes, des protozoaires ciliés, qui pratiquent un échange d'ADN équitable avant de se séparer et de se dupliquer le plus simplement du monde, mais sans que l'on parle de sexe. Alors, s'il y a sexualité sans sexe, quelle est la différence ?

La sexualité décrit l'ensemble des moyens inventés par lesquels des organismes vivants échangent des fragments d'ADN entre leurs génomes. Le plus simple et le plus incertain consiste à lâcher de l'ADN dans l'eau comme autant de petits messages dont une infime partie sera captée par d'autres organismes. L'hôte se réserve le choix de l'incorporer dans son génome, quitte à se débarrasser de portions d'ADN devenues indésirables. Cependant, méfiance, car il existe des fragments d'ADN qui ne cherchent qu'à se reproduire aux dépens de leur hôte, comme les virus. La sexualité comporte donc bien des risques face à des entités vivantes qui, quant à elles, ne souhaitent que se reproduire à l'identique. Sexualité et reproduction constituent un couple nécessaire aux relations très changeantes au gré des circonstances.

DOUBLE PAGE PRÉCÉDENTE
Les crocodiles ne se sont jamais séparés du monde aquatique ; les hippopotames sont des mammifères qui se sont adaptés secondairement à la vie aquatique, parabole de la dépendance envers le milieu aqueux pour la reproduction car quel que soit l'animal, tout œuf fécondé a besoin du milieu originel dans lequel est apparu la vie il y a plusieurs milliards d'années. La vie, la sexualité et le sexe apparaissent au fil de centaines de millions d'années avec toutes sortes de possibilités. Seules quelques-unes ont perdurées. Après cela, toutes les formes de reproduction ne sont en fait que des variations sur le même thème, même pour les animaux amoureux.

CI-CONTRE EN HAUT
Les hippopotames vivent dans des groupes composés de plusieurs femelles avec leurs petits, sous l'œil jaloux et parfois farouche d'un mâle qui repousse l'approche de tout autre individu du même sexe.

CI-CONTRE EN BAS
Petite sortie en famille, ce qui n'a rien de bucolique puisqu'à la nuit tombée ces imposants pachydermes s'en vont brouter pendant des heures.

Donc la reproduction fait du même selon un narcissisme étriqué, alors que la sexualité donne des individus différents, tout au moins au niveau de leur génome. Toute l'évolution de la reproduction – qu'il faut bien appeler ainsi – s'occupe de contrôler ces échanges d'ADN entre les organismes vivants. Il en est bien ainsi de la conjugaison bactérienne, où les échanges se font entre organismes identiques avec leur rapprochement et leur contact nécessaire. On est encore loin de l'amour, mais on s'en approche. Les paramécies se reproduisent en se liant l'une à l'autre un court instant. Ces protozoaires avec des cellules à noyau, comme les nôtres, possèdent un double jeu de chromosomes ; on dit qu'elles sont diploïdes, alors que les organismes qui ne conservent qu'un seul jeu de chromosomes sont dits haploïdes. La sexualité passe par une complexité étonnante de la recombinaison des portions d'ADN entre les chromosomes. Donc, au moment de leur rencontre, les paramécies voient leur paire de chromosomes se séparer, puis se dupliquer en deux non sans avoir procédé à quelques recombinaisons, ce qui fait au total quatre chromosomes. Elles n'en conservent qu'un, qui sera échangé avec leur partenaire. Puis elles se séparent, chacune avec son nouveau bagage génétique et dans la plus stricte égalité de l'échange. Il y avait deux partenaires avant, il y en a toujours deux après, sensiblement différents, qui après ce divorce mutuel se reproduisent par simple division.

Cette sexualité des paramécies n'est déjà plus aussi simple. Il faut que les partenaires se rejoignent, ce que facilite leur grand nombre. Le plus compliqué réside dans le passage de la diploïdie à l'haploïdie, avec la séparation des chromosomes, tout en pre-

nant ou en abandonnant des fragments d'ADN entre eux : premier moyen de faire de la différence. Puis il y a la rencontre de ces nouveaux chromosomes avec ceux du partenaire et donc fécondation : deuxième moyen de faire de la différence. C'est à la fois simple et compliqué comme la vie.

Le sexe va encore plus loin en ajoutant une innovation considérable : se mettre à deux pour concevoir un autre individu. Le sexe a pour but de faire se rencontrer deux informations génétiques, afin qu'elles se mélangent et créent un nouvel individu différent de ses parents. Donc voilà tout ce qu'il faut pour le sexe : posséder sa propre information génétique ; chercher un ou d'autres partenaires ; passer par divers moyens pour que les informations génétiques se mélangent.

Notre histoire commençant par les organismes les plus simples dans la nature actuelle, on est tenté de croire que l'évolution a suivi le même chemin au cours de l'histoire de la vie. En fait, la sexualité, ou échanges d'ADN entre organismes, semble aussi vieille que la vie. Puis elle se pare de mécanismes de plus en plus complexes pour contrôler ces échanges, pour éviter le parasitisme de fragments d'ADN franchement indésirables, comme ceux des virus. D'ailleurs la reproduction des virus, si simple et si efficace soit-elle, ne peut exister qu'en mettant à contribution des organismes plus

CI-DESSUS

Les chacals sont strictement monogames. Le couple et ses petits occupent un territoire qu'ils défendent farouchement contre les intrus. Les femelles veillent à ce que leur compagnon ne commette pas d'infidélité car elles ont besoin de son aide pour élever les jeunes. Le mâle nourrit les mêmes inquiétudes, puisqu'il ne tient pas à éduquer des jeunes dont il ne serait pas le géniteur. Par-delà ces intérêts bien compris, il existe une réelle fidélité et de vraies attentions entre la femelle et le mâle comme envers les jeunes, ces derniers restant assez tard pour aider leurs parents à élever les petits.

complexes. Toute la sexualité se ramène à cela, faire de la différence et la contrôler. Tout bien considéré, la sexualité est aussi une sorte de parasitisme, mais amoureux, puisque de l'information génétique d'un individu se mêle à celle d'un autre individu, et ce parasitisme amoureux est la réponse la plus aimable et la plus efficace envers les autres parasitismes indésirables.

Les êtres multicellulaires apparaissent tard dans l'histoire de la vie, il y a environ 700 millions d'années. Le plus difficile pour des cellules n'est pas de former des organismes, mais bien de faire en sorte que le sexe et ses avantages profitent à toutes les cellules. Le plus simple est de conserver des cellules dédiées au sexe comme chez les êtres unicellulaires – les cellules germinales – et ensuite de laisser l'œuf fécondé se diviser et donner au cours du développement des cellules spécialisées – les cellules somatiques – correspondant aux différentes parties des organismes. Cependant, même si la sexualité et le sexe accompagnent les débuts de la vie sur la Terre, comme chacun sait le sexe varie.

Des cellules et du sexe

Les hésitations entre les formes de reproduction, faire de l'identique ou du différent, s'observent chez des organismes pluricellulaires comme les plantes, mais aussi chez les animaux. Les plantes sont étrangères à l'amour, bien que les fleurs s'offrent sous prétexte d'amour, comme ces orchidées qui imitent les odeurs et les formes sexuelles des insectes pollinisateurs. Les fleurs sont des objets d'amour souvent trompeurs, car séduisantes de formes, de couleurs et de parfums. Revenons chez les animaux, parmi lesquels maintes espèces pratiquent la reproduction végétative. Là point de sexe, puisque l'organisme se reproduit à l'identique à partir d'une cellule ou d'une partie de lui-même. Les vers polychètes procèdent par simple bourgeonnement d'un segment de leur corps. Certaines espèces font de même, mais seulement à partir du dernier segment, plus spécialisé dans cette fonction de reproduction. On est encore plus surpris par ces autres vers qui se coupent en deux au beau milieu du corps et qui reconstituent la partie laissée à l'autre, l'un l'avant avec la tête, l'autre l'arrière avec la queue.
Ces vers, qui tout comme nous possèdent un corps symétrique le long d'un axe tendu entre une tête et une queue, ce qu'on appelle un plan d'organisation, nous fascinent. Chez eux, et quelques autres organismes, la régénération des tissus se confond avec la génération, la reproduction. Cette capacité si enviable se trouve très limitée chez les organismes plus complexes, même chez les lézards, chez lesquels la queue ne peut repousser qu'une seule fois. La régénération des tissus devient très restrictive chez les espèces dites plus évoluées, alors même que la génération ne concerne que des cellules spécialisées. La complexité et la sexualité exigent des sacrifices, des amputations, bien que nous soyons encore loin des affres de l'amour.

CI-CONTRE
La parade du héron. Le héron apparaît ici comme un bel échassier aux plumes ébouriffées. Ces grands oiseaux vivent en couples stables et peuvent être grégaires selon les conditions du milieu. Leurs couples durent une saison d'amour et plus si affinités. Chez leurs proches cousins les butors, le mâle s'accouple avec plusieurs femelles et dans ce cas se dispense de la corvée de couvaison. Il n'a pas volé son nom.

CI-DESSUS

Ibis et spatules. Les ibis (à gauche), les spatules (à droite) appartiennent à un grand groupe d'oiseaux qui comprend les cigognes. Les différences entre les espèces découlent d'une histoire commune au cours de laquelle le milieu (sélection naturelle) et le choix entre partenaires (sélection sexuelle) ont donné différentes espèces et parfois différentes lignées. Ces grands oiseaux vivent en couples tout en étant grégaires avec des couples de la même espèce ou d'autres espèces. Le mâle choisit un lieu de nidification dans un arbre et exhibe les vives colorations de son pelage. La femelle intéressée se pose à proximité. Alors ils se mettent à chanter, paradent, se toilettent mutuellement. La formation du couple leur réussit, puisque que leurs couleurs deviennent encore plus vives. Une belle vie de couple qui, à cause de si beaux plumages, suscite parfois des infidélités.

L'évolution a une exigence, la variabilité, car sans variabilité pas d'évolution possible. Seulement, la sexualité a un coût et comporte des risques. C'est pourquoi des espèces hésitantes sur les choses du sexe ménagent des formes de reproduction asexuées et sexuées. Les éponges appartiennent au monde des animaux, bien que leur vie se passe ancrée sur des récifs. Plusieurs espèces d'eau douce et d'eau marine choisissent de se reproduire par bourgeonnement d'une partie de leur corps grâce à une masse de cellules appelée *gemnule* qui se développe après la mort de l'éponge mère. C'est ainsi qu'elles colonisent rapidement de grandes étendues. Sinon, dans d'autres circonstances, elles passent par la reproduction sexuée. Cette alternative s'observe chez d'autres organismes très différents comme les ascidies, les algues vertes volvocales, les pucerons, etc. Ce qui détermine le choix entre l'asexualité et la sexualité semble lié aux conditions environnementales. Dans une phase de colonisation dans un milieu favorable, l'avantage va à la reproduction par scissiparité ou bourgeonnement, bien plus rapide et efficace du seul point de vue de la multiplication des individus. Ce qui importe, c'est occuper l'espace colonisable le plus vite possible. Par contre, si les conditions deviennent plus contraignantes, avec une compétition plus intense pour les emplacements et les ressources, l'avantage revient à la reproduction sexuée. Celle-ci, en produisant des individus différents tout en permettant de fixer des caractères nouveaux et avantageux, favorise le maintien de l'espèce dans la communauté écologique. Si les espèces pou-

CI-CONTRE
Pour les loris, tout commence par un baiser. Chez cette espèce de perroquet parmi tant d'autres, les femelles et les mâles déploient des couleurs, aussi magnifiques que criardes à nos yeux. Aux leurs, c'est encore plus perceptible car ils perçoivent le monde sur un registre de quatre et non pas trois couleurs fondamentales. Il ne faut donc pas se fier aux apparences, car certaines couleurs de l'amour ne sont pas perceptibles à notre regard. Revenons à la beauté de ces échanges amoureux : la réalisation du couple rend encore plus brillant le vif plumage des loris comme de nombreuses espèces monogames, et embrase leurs yeux.

vaient se reproduire sans limites de ressources et sans compétition avec les autres, la reproduction végétative serait la plus efficace. Mais il n'en est pas ainsi sur la Terre et c'est ainsi que la vie accoucha de la sexualité. La sexualité sert à fabriquer de la diversité, c'est l'idée classique. Mais elle a aussi pour fonction de la contrôler, de réparer des erreurs et de la délimiter. Mieux encore, elle favorise la sélection et le maintien d'innovations vitales face aux changements d'environnement et à la compétition pour les ressources dans la communauté écologique. Un mode de reproduction aussi coûteux que nécessaire qui féconde la biodiversité de l'arbre du vivant.

La sexualité commence précocement dans l'histoire de la vie, puisque toutes les grandes lignées ou phylums de l'arbre du vivant en pratiquent une forme ou une autre. En fait, plus de 90 % des espèces vivantes restent fidèles à une forme ou une autre de sexualité. Cela commence chez des êtres unicellulaires, les protozoaires, il y a plus d'un million d'années avant de donner une soudaine diversité d'organismes pluricellulaires, les métazoaires, il y a 600 millions d'années, ce que les paléontologues appellent « l'explosion du cambrien ». Ainsi s'ouvre la course à la biodiversité et à l'innovation car, selon l'expression bien connue, « qui fait un œuf fait du neuf ». La sexualité se lie à un principe de l'évolution nommé la « reine rouge ». Il s'agit de la reine de cœur dans le roman de Lewis Carroll *De l'autre côté du miroir* qui dit à l'héroïne : « Dans ce pays, il faut courir le plus vite possible pour rester à sa place. » Si tous les individus d'une espèce étaient identiques, un agent infectieux comme un virus ou une bactérie se multiplierait jusqu'à infecter tous les individus et menacer la survie de l'espèce hôte, ce qui n'est

de l'intérêt ni du parasite ni de l'hôte. En favorisant l'apparition de la diversité interindividuelle, la sexualité accroît la probabilité de l'existence d'individus immunisés face aux parasites dominants ou émergents. Ceux qui survivent se reproduisent entre eux, ce qui fixe les caractères génétiques qui permettent de résister à l'agent pathogène, jusqu'à ce qu'une mutation chez ces derniers remette tout en cause, et ainsi de suite. Ainsi se fait la course incessante de la « reine rouge ».

Que la sexualité produise de la variabilité est une chose bien connue. Ce qui l'est moins, c'est qu'elle sert aussi à la contrôler car, si des individus présentent des caractères trop divergents, ils risquent de ne plus pouvoir se reproduire avec les autres, ce qui nous amène à la notion d'espèce. L'espèce (biologique) se définit justement par le critère d'interfécondité. Elle comprend tous les individus interféconds. De nos jours, il existe une seule espèce d'Homme sur la Terre puisque la longue expérience amoureuse de l'humanité nous enseigne que tout homme peut se reproduire avec toute femme, ce qui n'était pas le cas il n'y a pas si longtemps, quand nous cohabitions avec les hommes de Neandertal. La sexualité repose sur plusieurs propriétés pleines d'évolution, qui consistent à la fois à faire de la différence tout en la maintenant reproductible, d'inventer de la variabilité tout en corrigeant les erreurs. Magnifique dualité indissociable du sexe.

CI-DESSUS
ET DOUBLE PAGE SUIVANTE

Couples de cygnes du Japon. Les cygnes, comme les oies, se mettent en couple le plus souvent pour la vie. Ils décident de s'unir au cours de parades à deux. Il existe très peu de différences entre la femelle et le mâle. Celle-ci couve seule les œufs ; celui-là protège le territoire et les jeunes une fois nés. Sont-ils seulement liés par la nécessité de défendre un territoire et ses ressources ou aussi en raison d'affinités particulières ? Le fait qu'ils soient grégaires et migrateurs suppose l'existence de liens particuliers.

Les hésitations du sexe

On sait ce que l'on perd, on ignore ce que l'on gagne. C'est là toute la belle et terrible incertitude du sexe. Si la « reine rouge » a accouché de la sexualité, cela a été une toute autre affaire avant d'arriver à la séparation des sexes. En fait, le sexe des individus dépend d'une telle cascade de facteurs que l'identité sexuelle n'est jamais certaine, même chez les individus des espèces les plus sexuées.

CI-CONTRE
La danse des grues exprime l'une des formes de comportement les plus élaborées avant que deux individus n'acceptent de s'unir pour concevoir une progéniture. La séparation des individus en deux sexes n'avait rien d'évident. Faire en sorte que des individus des deux sexes s'unissent ne l'est pas moins. Comment savoir si un partenaire possède de bons gènes et tout ce qui va avec. Les parades amoureuses sont aussi la conséquence de cette évolution.

Un simple chromosome dit Y, le plus petit, suffit à déterminer le sexe chez les mammifères. Les femelles sont XX et les mâles XY. Chez les oiseaux, autres animaux très actifs, sociaux et attentifs à l'éducation des jeunes, les mâles portent les chromosomes ZZ et les femelles le tandem ZW. La vie, c'est toujours de la diversité et un merveilleux étonnement. Alors, si un couple de chromosomes identiques ou non ne suffit pas à déterminer le sexe, comment définir les femelles et les mâles ? Les femelles produisent des ovules, des cellules sexuelles ou gamètes incapables de se déplacer mais ayant la capacité de se diviser une fois fécondés. Les mâles possèdent des gamètes mobiles qui ne peuvent pas se diviser. Il en est ainsi chez les espèces sexuées les plus évoluées. Mais, avant qu'il en soit ainsi, avant l'apparition d'une identité sexuelle imposée dès la naissance, combien de fantaisies autour du genre sexué.

Ignorons une fois de plus certaines plantes jouissant d'une multitude de sexes, comme le thym, aussi riche en odeurs qu'en diversité sexuelle, ou le trèfle, qui laisse tout au petit bonheur la chance. L'identité des individus fixée par les chromosomes est loin d'être la règle chez les animaux. Par exemple, chez les tortues luths le sexe dépend de la température d'incubation des œufs : au-dessous de 28,65 degrés, il n'y a que des femelles ; au-dessus de 29,75 degrés, il n'y a que des mâles. Chez les tortues luths à sang froid, le sexe masculin est le sexe chaud, ce qui n'est pas le cas chez les tortues vertes, où cette fois naissent des mâles si la température d'incubation est inférieure à 28 degrés alors qu'avec une température supérieure à 28,5 degrés n'éclosent que des femelles. Le sexe plus ou moins tempéré se retrouve chez d'autres rep-

tiles, comme les crocodiles. Selon la température d'incubation, le sexe varie chez les animaux à sang froid.

Les animaux sexués se présentent comme des organismes qui hébergent des gonades ou glandes sexuelles productrices de gamètes, des gamètes mâles et des gamètes femelles. Le plus difficile au cours de l'évolution semble être une division des sexes avec des individus produisant l'un ou l'autre type de gamète, autrement dit des mâles et des femelles. Selon une logique économique, le moyen de reproduction le plus efficace serait la parthénogenèse : des femelles qui ne produisent que des femelles. Elles ont intérêt à se débarrasser du double fardeau des mâles. Si elles ne procréent que des filles, elles transmettent l'intégralité de leur patrimoine à toute leur descendance. En faisant des mâles, elles ne transmettent que la moitié de leur patrimoine et, en plus, dépensent de l'énergie pour une partie de leur développement. Alors pourquoi la parthénogenèse reste-t-elle aussi rare ? Chez les vertébrés terrestres, on connaît ces lézards du désert chez lesquels il n'existe que des femelles. Elles paradent entre elles au moment de la période de reproduction comme pour célébrer l'élimination des mâles. En fait, ces parades rappellent que les ancêtres de ces lézards ont eu un passé sexué. La parthénogenèse, séduisante du point de vue aussi théorique que féminin, ne s'observe que dans de rares lignées. Elles sont souvent

CI-DESSUS

Le long bâillement de cette lionne exprime-t-il la lassitude de son mâle, qui semble bien fatigué ? Les amours chez le roi des animaux sont aussi éreintants que rugissants : une brève copulation tous les quarts d'heure pendant plusieurs jours. Ces grands félins pesant plusieurs centaines de kilos doivent investir autant d'énergie pour que se rencontrent leurs patrimoines génétiques. Ce n'est là qu'une partie de plaisir, puisque la lionne aura à élever et à protéger ses petits, avec l'aide de ses sœurs et de ses consœurs, et qu'elle compte sur la puissance de son compagnon pour repousser toute incursion de mâles étrangers sur leur territoire.

DOUBLE PAGE SUIVANTE

Les zèbres, tout comme les chevaux sauvages, vivent dans des harems composés de plusieurs juments sous l'œil attentif de l'étalon. Tout irait pour le mieux si ces groupes pouvaient s'isoler les uns des autres, ce que ne permettent ni les prédateurs, ni l'abondance des ressources herbeuses au fil de l'année, ni les migrations. Alors, quand une jument est en chaleur, les étalons peuvent être soit trompés soit défiés par les autres mâles en mal de femelle. Tous ces tracas ont au moins un bénéfice : permettre une plus grande variabilité génétique.

CI-CONTRE
Que le meilleur gagne dans ce combat de pugilistes entre deux kangourous mâles ! Comme dans le noble sport, il y a des règles, car leurs corps redressés offrent aux coups de l'adversaire les parties les plus vulnérables : la gorge, le ventre et les organes génitaux. Cette scène illustre la compétition intrasexuelle entre les membres d'un même sexe. Les comportements des mâles, plus spectaculaires, font trop souvent oublier qu'il existe aussi une forte compétition entre les femelles, moins démonstratives mais non moins efficaces.

récentes, avec l'exception notable du groupe des rotifères. Ce constat soulève une question lancinante : à quoi servent les mâles ? Parmi les dizaines de milliers d'animaux vertébrés, il y en a un qui ne se pose pas de question existentielle, le cyprinodon marbré, une espèce de petit poisson des rives de l'Atlantique et des Caraïbes, qui se dispense de femelles. Les mâles pratiquent un vrai hermaphrodisme, en produisant les deux types de gamètes et l'autofécondation. Un cas unique chez les vertébrés.

À l'inverse de la guerre des sexes entre individus, il y a la cohabitation des sexes chez l'individu : l'hermaphrodisme. L'hermaphrodisme vrai montre qu'au cours de l'évolution sont apparus des organismes capables de produire deux types de gamètes. L'hermaphrodisme se retrouve chez les sangsues, les vers et les gastéropodes, des animaux peu disposés par leur nature à courir derrière des partenaires, même si l'amour peut donner des ailes. Les hermaphrodites disposent des deux types de gamètes, cependant la reproduction passe par un échange avec un autre individu, les gamètes mâles de l'un fécondant les gamètes femelles de l'autre et vice versa. C'est du donnant donnant, bien que chez certaines espèces, des individus soient capables de tromper leur partenaire bisexué en prenant ses gamètes et en ne cédant rien. D'un point de vue évolutionniste, la sexualité des hermaphrodites souligne l'importance de la fécondation croisée afin de maintenir la variabilité mais aussi les enjeux compétitifs qui font que certains individus arrivent à diffuser leurs gamètes mieux que les autres. À ce petit jeu du succès reproducteur différentiel, l'autofécon-

CI-DESSUS À GAUCHE
Les poissons clown changent de sexe au cours de leur vie. Précisons qu'ils ne tirent pas leur nom de ce changement de rôle car de telles transformations de genre n'ont rien d'une facétie chez les poissons puisque cela s'observe chez environ 10% des espèces. La vie du poisson clown commence au masculin et se termine au féminin pour les plus chanceux ; c'est l'inverse chez d'autres espèces. Un vrai cirque.

CI-DESSUS À DROITE
Comme une majorité d'espèces d'oiseaux, les fous forment des couples monogames. Les parades, même si elles sont ritualisées au sein d'une espèce, mettent en harmonie les mouvements des corps. Ces scènes livrent de nombreux indices sur lesquels se fonde une union possible. Elles servent à renforcer leurs liens, à chaque fois qu'ils se rejoignent au cours d'une même saison et, souvent, à se retrouver pour une nouvelle saison d'amours.

dation est l'option perdante (les plantes, pour la plupart sexuées et hermaphrodites, ont développé divers mécanismes pour éviter l'autofécondation). Même hermaphrodite, on a besoin de partenaires sexuels, ce qui exige des signaux et des parades d'approche, comme on peut le voir chez les limaces et les escargots. Quand les partenaires se rencontrent, ils prennent le temps en s'engageant dans des copulations croisées qui durent, qui durent comme… des amours d'escargots. À noter aussi, de petits changements internes : au cours de la période des amours, les gastéropodes produisent des spermatozoïdes et, quelques semaines après les inséminations croisées, leurs gonades, qui produisent d'abord des spermatozoïdes, se transforment en ovaires dont les ovules seront fécondés par les spermatozoïdes précieusement donnés et conservés. Si l'hermaphrodisme est l'ambiguïté du sexe, ce n'est pas le mélange des sexes.

Il arrive que le sexe dépende de la moitié du nombre de chromosomes, en l'occurrence un sexe étant la moitié de l'autre et le plus souvent les mâles, comme chez de nombreux insectes parmi les abeilles et les acariens. Les femelles sont diploïdes – donc avec une paire de chromosomes maternel et paternel – alors que les mâles sont haploïdes. Ces derniers sont issus d'œufs non fécondés et porteurs des seuls chromosomes maternels, des fils à leur maman à part entière.

Une étape de l'évolution passe par la séparation des organes qui produisent les gamètes, depuis des gonades qui produisent les deux types de gamètes jusqu'à des gonades nanties de cellules ne donnant que des gamètes de l'un ou l'autre sexe. Cela n'implique pas que les individus se trouvent cantonnés dans le même sexe toute leur vie. Certaines espèces pratiquent l'hermaphrodisme successif, en commençant leur vie d'un côté et en la terminant de l'autre. Les crépitudes sont des organismes marins qui vivent dans des colonies faites d'empilements d'individus. Lorsque la colonie se forme, il n'y a que des mâles. Avec leur nombre croissant, ceux de la base se transforment en femelles, tout en produisant des hormones qui inhibent la transformation de leurs voisins en femelles. Précisons que l'expression tomber en décrépitude ne vient pas de cette histoire de changement de sexe.

De nombreuses espèces de poissons, environ une sur dix, se plaisent à changer de sexe au cours de leur vie frétillante. Chez certaines espèces la vie commence au féminin et se termine au masculin ; chez d'autres, c'est l'inverse. On parle respectivement d'hermaphrodisme séquentiel protogyne ou protoandre. Les espèces protoandres, comme le célèbre poisson clown, qui vit en couple et élit domicile dans des anémones de mer, sont bien moins nombreuses. Si la femelle vient à mourir le mâle prend sa place et devient en quelque sorte femelle au foyer. C'est un jeune mâle rôdeur qui prendra le costume de mâle délaissé. À l'inverse, les femelles des poissons épées deviennent de plus en plus grandes avec l'âge puis se transforment en mâles, ce qui est bien mieux que de terminer sa vie en marâtre aquatique.

Ces quelques exemples soulignent la différence entre sexe et sexualité : le sexe se définit par les composants génétiques, comme les chromosomes et les gènes, et par ce qu'ils induisent, comme les gonades, productrices de gamètes, et les hormones. La sexualité décrit comment ces éléments se développent au cours de l'histoire de l'individu. Quant aux comportements, différents entre les mâles et les femelles, ils ne sont pas dictés par un déterminisme génétique strict, si ce n'est influencé, puisque le cerveau possède une plasticité évidente, même chez des organismes comme les poissons.

Ces incertitudes du sexe n'épargnent pas les mammifères, pourtant génétiquement sexués dès la conception. Chez les espèces dont la reproduction passe par des portées constituées de plusieurs embryons se développant ensemble, il existe un effet dit de la « position dans l'utérus ». Chez les rats ou les gerbilles, les embryons femelles situés à proximité d'un embryon mâle subissent une influence des hormones masculines. Ces femelles acquièrent des caractères masculins qui, par la suite, affecteront leur succès reproducteur puisque les mâles les trouvent moins attirantes.

CI-CONTRE
Les fous de Bassan doivent leur nom aux piqués dangeureux qu'ils effectuent pour plonger dans l'eau et attraper leurs proies : il n'est pas rare qu'ils se rompent le cou. Ils forment des couples fidèles qui restent ensemble jusqu'à la disparition de l'un ou de l'autre. Bien qu'ils se dispersent à la fin de la saison de reproduction, ils se retrouvent l'année suivante. Il arrive qu'ils prennent une ou deux années sabbatiques en choisissant un ou une autre partenaire. Cette approche avec les ailes déployées et ces petites prises de bec qui nous semblent si affectives sont nécessaires au renforcement des liens du couple. Les longs traits noirs de leur tête leur donnent un air inquiet et un peu triste.

DOUBLE PAGE SUIVANTE
Quand ils sont ensemble, les mâles et les femelles ne cessent de se toucher. On peut trouver diverses fonctions à ces contacts, comme la recherche de parasites, mais certaines attitudes vont bien au-delà. Quand ils sont seuls, ils scrutent le ciel en attendant le retour de l'autre.

L'influence des hormones joue parfois de drôles de tours aux naturalistes, comme chez les hyènes, dont on pensait que les populations n'étaient composées que d'individus mâles. Les femelles gravides produisent de forts taux de stéroïdes qui donnent à leur tour des hormones mâles. Alors non seulement les femelles ont la même taille et la même puissance corporelle que les mâles, mais en plus elles se dotent d'un clitoris aussi développé qu'un pénis. Cette particularité est à l'origine d'étranges histoires sur les hyènes, et d'autant d'aversions à leur encontre.

Ce petit voyage autour des incertitudes du sexe révèle la diversité des facteurs qui définissent l'identité sexuelle des individus, qui, elle-même, peut changer au cours de leur existence. L'identité sexuelle fait intervenir le sexe génétique, s'il existe, le sexe gonadique et qui favorise l'apparition des ovaires ou des testicules qui, à son tour, influence le sexe hormonal avec le développement des organes sexuels, et, plus tard, le sexe comportemental. Dans cette cascade de facteurs qui vont des chromosomes aux comportements sociaux, il y a l'organe le plus sexuel : le cerveau. De la production d'hormones à la perception des multiples stimuli environnementaux, chimiques (les phéromones) et sociaux, tous ces facteurs perturbent le cerveau qui ne pense qu'à ça, le plus souvent sans conscience. Sexe sans conscience…

L'évolution passe par tous les états des sexes et, bien qu'il n'y ait pas de règle, s'il y en avait une ce ne serait pas pour des espèces avec des sexes bien séparés dès la conception, comme chez les oiseaux et mammifères, organismes les plus complexes. Chez les premiers, ce sont les femelles qui sont dites hétérogames car elles portent un couple de chromosomes différents (ZW), alors que ce sont les mâles qui sont hétérogames chez les mammifères (XY). Chez ces vertébrés très évolués, on distingue les mâles des femelles par la taille des ovules très supérieure à celle des spermatozoïdes, ce qu'on appelle l'anisogamie. Si ce n'est pas le cas, si les gamètes ont la même taille, on parle d'isogamie. On distingue les deux « sexes » par les lettres « a/α » ou, si on a pu observer leurs amours, les individus qui donnent les gamètes par le signe « + » et ceux qui les reçoivent par le signe « - ». La sexualité chez ces organismes se décline sur le mode « + si affinité ». Le plus difficile semble donc d'en être arrivé à la séparation (presque) complète des sexes. Mais, une fois la chose acquise, comment faire pour que les individus des deux sexes se retrouvent ?

CI-CONTRE
Les babouins évitent de se regarder fixement dans les yeux, ce qui est vite interprété comme une intention agressive, surtout entre les mâles. En haut, un mâle observe les parties génitales d'un autre mâle qui a le pénis en érection. Puis, en bas, il regarde son ami avec attention. Cette scène peut surprendre chez une espèce où les mâles sont particulièrement puissants. Mais cela n'empêche pas des liens amicaux et parfois affectifs qui passent par diverses formes de relations sexuelles.

DOUBLE PAGE SUIVANTE
On a vraiment l'impression de déranger ce couple d'orangs-outans. Ces grands singes se déplacent avec prudence dans les arbres et semblent tout faire ainsi, avec une fausse retenue. Parmi tous les animaux connus, ils se montrent les plus patients et les plus engagés dans les jeux de l'amour. Pour se suspendre ou faire l'amour à plusieurs dizaines de mètres au-dessus du sol, ils assurent leurs prises et leurs emprises. Laissons-les…

Des inconvénients de la séparation des sexes

Une fois la séparation des sexes consommée, comment faire pour se retrouver et assurer au mieux la rencontre des ovules et des spermatozoïdes ? La séparation des corps est une chose ; mais faire que deux corps se rejoignent jusqu'à se pénétrer comme pour la fécondation interne en est une autre. La nécessité de se reproduire conduit les animaux à des scènes de tous les dangers et de rares plaisirs, à la recherche d'unions pour le meilleur si le pire n'est pas advenu.

CI-CONTRE
Les coassements des grenouilles et des crapauds mâles sont destinés à inviter les femelles à partager une étreinte, ce qui attire aussi des prédateurs comme les putois, les oiseaux de proie et les chauves-souris. On observe toutes les sortes de fécondations chez les grenouilles et les crapauds : la plus simple, qui consiste à expédier les ovules et les spermatozoïdes dans l'eau en laissant les rencontres au petit bonheur la chance ; la même avec les corps rapprochés dans une aire de ponte préparée ; une plus proche encore, comme l'étreinte de la photographie du bas, appelée amplexus, qui met les cellules sexuelles des deux partenaires immédiatement en contact avec de meilleures chances de fécondation ; et, chez de rares espèces, une vraie fécondation interne grâce à des mâles munis d'un pénis.

La sexualité se pense ou se conçoit toujours à deux, avec une femelle et un mâle. C'est loin d'être aussi simple et, comme l'évolution ne peut se faire que s'il y a de la variabilité, il existe une très grande diversité de modes de reproduction. En fait, au commencement, était la grande foire des gamètes: les organismes sexués libèrent leurs cellules sexuelles au gré des courants aquatiques ou selon les caprices des vents. Les individus sexués ne se rencontrent pas forcément, bien qu'il y ait nécessité de rencontres probables entre les gamètes libérés pour qu'il y ait fécondation. À cette fin, quelques stimulations, comme la température de l'eau ou la luminosité, déclenchent une simultanéité dans le temps pour lâcher les gamètes (coraux, tuniciers, anémones, éponges…). Puis, dans certaines lignées du monde vivant, les reproducteurs se rapprocheront de plus en plus, d'abord pour se stimuler par des parades, parfois par des attouchements, jusqu'à la plus dangereuse et la plus intime des formes de sexualité : la fécondation interne. Avant d'en arriver là, certaines lignées évoluent vers une différenciation de plus en plus marquée entre les deux sexes, avec des rôles et des intérêts divergents entre des femelles produisant de moins en moins d'ovules et des mâles s'efforçant de les conquérir.

Comme déjà évoqué, les femelles se définissent par la production d'ovules, ou gamètes capables de se diviser. C'est une propriété fondamentale utilisée par les biologistes qui s'intéressent au clonage. Le principe de ces expérimentations repose sur la substitution d'un noyau contenant les chromosomes par un autre. L'ovule se charge du reste, assurant le développement. L'investissement des femelles s'arrête

là pour la grande majorité des espèces, qui abandonnent leur multitude d'ovules, libres d'aller à la rencontre d'une multitude de spermatozoïdes.

Une grande tendance évolutive conduit aux animaux amoureux. Féconder un ovule et faire un œuf, devenu plus rare et plus précieux, appelle de nouveaux comportements. Les femelles tendent à conserver leurs précieux ovules au sein de leur corps, ce qui oblige les mâles à s'en approcher et à trouver les moyens de donner leur semence au plus près de l'ovule : c'est la fécondation interne.

La fécondation interne par la rencontre de deux corps comme la protection des œufs fécondés s'observent assez peu dans les milieux aquatiques. Rien d'étonnant, puisque la vie est apparue dans l'eau. En revanche, la conquête de la vie aérienne, autrement dit vivre sur la terre ferme hors de l'eau, passe par des adaptations considérables pour éviter que les gamètes et les œufs fécondés ne dépérissent en l'absence d'humidité. La fécondation interne et l'œuf amniotique imposent des contraintes auxquelles répondent des adaptations très coûteuses en termes d'énergie et de comportement, dont les jeux amoureux.

CI-DESSUS
La famille des rallidés comprend des oiseaux aux mœurs très aquatiques, comme les foulques (à gauche) et les poules d'eau (à droite). Leurs mœurs restent assez mal connues et, quand c'est le cas, sont assez inhabituelles. Ils vivent en couples et sont parfois grégaires. Dans ce cas, certains individus exploitent les

Toujours plus près de toi mon… ovule

Au sein de l'immense diversité du monde aquatique, la coutume est, la saison venue, de libérer des myriades d'ovules et de spermatozoïdes, comme ces nuées de neige gamétique dispersées par les tuniciers et les oursins peuplant les bancs coralliens. Quelques poissons s'adonnent à de belles parades, comme les épinoches mâles aux couleurs chamarrées, pour inciter la femelle à libérer ses ovules sur la gravière qu'ils ont préparée et pour ensuite y répandre leur sperme.

Plus étonnant, ces poissons appelés bouvières qui incitent la femelle à déposer ses ovules dans les branchies d'une moule à l'aide d'un tube pour y mettre ensuite leur semence. Ils assurent ainsi la fécondation des ovules et les œufs sont protégés par leur hôte, bien passif dans cette affaire amoureuse qui le parasite. Plus surprenant encore, le poisson arroseur qui parade de telle sorte qu'il amène la femelle à sauter sur une feuille flottant sur l'eau sur laquelle il a déjà déposé sa semence. Presque un petit nid d'amour.

autres en n'hésitant pas à voler les proies qu'ils ont attrapées. La taille de la marque sur le front exprime les relations de dominance. Leurs mœurs aquatiques les amènent à s'accoupler dans l'eau. Les poules d'eau préfèrent le régime de la communauté et l'amour libre. Elles se lient à plusieurs mâles et pondent leurs œufs dans un même nid.

CI-DESSUS

Balade sur un plan d'eau pour un couple de grèbes. Les deux partenaires se rapprochent face à face, sortent le cou et la tête de l'eau, nagent côte à côte, croisent délicatement leurs becs et se lancent dans une curieuse chorégraphie en marchant sur l'eau. Les fantaisies amoureuses des grèbes s'observent aussi dans l'accouplement, les femelles pouvant se placer sur le dos des mâles.

DOUBLE PAGE SUIVANTE

Une course sur l'eau et le vainqueur qui se penche pour franchir la ligne d'arrivée ? Rien de tel. Ce ballet stéréotypé renforce le lien du couple, et il est aussi une démonstration de puissance envers les éventuels prétendants ou autres perturbateurs des deux sexes.

Les grenouilles et les crapauds sont des amphibiens retenus par le monde aquatique à cause de la reproduction, puisque la fécondation et le développement des œufs puis des têtards se font dans l'eau. Chez de nombreuses espèces, les mâles s'accouplent aux femelles au moment de la ponte en s'accrochant à elles aussi fort qu'ils le peuvent dans une étreinte appelée amplexus. Cela donne parfois une sorte de foire d'empoigne amoureuse, car cela ne dissuade pas d'autres mâles de s'agripper aussi, harassant la pauvre femelle soumise à un drôle de transport amoureux. Le crapaud pipa s'arrange pour féconder les œufs implantés sur le dos de la femelle : une rétention dermique où, au lieu d'avoir le mâle dans la peau, elle a les rejetons.

Les tritons mâles paradent fougueusement devant la femelle pour l'inciter à prendre leurs spermatozoïdes déposés dans un paquet cadeau appelé spermatophore. Si elle est séduite, elle s'empare du présent et l'introduit dans son corps, où s'opère la fécondation, puis elle dépose ses œufs dans une oothèque. Un bel exemple de séduction suivie d'une fécondation interne indirecte et sans contact.

Les requins, qui pour nous évoquent bien des sentiments sauf l'amour, pratiquent la copulation interne. Les mâles possèdent un organe de copulation appelé ptérygopode. On imaginait mal les requins se livrer à des fantaisies sexuelles, même avec un

CI-DESSUS
Les seiches géantes. Les céphalopodes – seiches, poulpes, pieuvres, calamars – ont un œil très averti pour les choses de l'amour. Lors de la parade, le mâle se livre à l'une des plus belles prestations connues dans le monde animal. Des ondes colorées parcourent son corps alors qu'il effectue une danse à la chorégraphie très sophistiquée. Si le bellâtre commet une faute de ton ou une volute imprécise, alors la femelle s'éloigne sans un regard. On ne s'enlace pas si facilement chez les animaux à tentacules.

ptérygopode. Apparus il y a fort longtemps dans l'histoire des vertébrés, ces animaux peu sympathiques se révèlent très évolués en matière de sexualité et de reproduction alors que la très grande majorité des animaux aquatiques dispersent leurs gamètes au gré des courants. Leur agressivité légendaire ne vient donc pas de là.

Les céphalopodes (seiches) comme les pieuvres et les calamars savent enlacer et aussi copuler grâce à un organe copulateur, l'hectocotyle, situé à l'extrémité de l'un de leurs tentacules. Ces divers organes érectiles, chez les requins comme chez les calamars, servent à expulser la semence avec vigueur pour qu'elle atteigne au mieux les ovules à féconder. Bien que vifs et flagellés, les spermatozoïdes ont besoin d'un petit coup de pouce.

Les quelques exemples de poissons attentifs à leur semence montrent qu'une tendance évolutive consiste à protéger de mieux en mieux les gamètes et surtout les œufs fécondés, même dans l'eau. On peut citer le cas des crapauds des torrents, chez lesquels les mâles disposent d'un petit pénis, ce qui évite à la semence d'être emportée par le courant, ou des apodes, de curieux amphibiens d'Afrique dépourvus de membres mais qui ont pourtant un petit pénis. Voilà les petites variantes de l'amour dans l'eau ; c'est une autre affaire hors de l'eau.

S'aimer hors de l'eau

Les spermatozoïdes et les ovules ne survivent pas hors d'un milieu humide, ce qui pose de graves problèmes pour les insectes et les animaux terrestres (on dit aériens car, s'ils se reposent à un moment ou à un autre sur un support ou au sol, même chez ceux qui volent, ils baignent dans l'air de l'atmosphère).

De nombreux insectes mâles conçoivent des réservoirs protecteurs pour leurs spermatozoïdes, appelés spermatophores. Certains les déposent et les abandonnent en espérant le passage d'une femelle désireuse de se féconder avec. D'autres les disposent dans des endroits particuliers fréquentés par les femelles ou construisent des petits édifices pour les attirer. D'autres encore se montrent plus soucieux de leur succès reproducteur et s'activent pour aller chercher des femelles et les inciter à prendre leur petit cadeau spermatique. Les scorpions mâles effectuent de belles parades pour inciter les femelles à prendre dare-dare leur beau spermatophore pour une fécondation interne indirecte. D'autres enfin n'hésitent pas à détruire les spermatophores de leurs congénères, première forme mesquine de guerre du sperme.

CI-CONTRE
Les dauphins sont de rieurs compagnons qui passent volontiers d'un groupe à un autre. Ils ne sont pas plus fidèles sur le plan amoureux. Les mâles harcèlent les femelles fécondables, tournant autour d'elles jusqu'à ce qu'elles les acceptent. Alors ils nagent de concert, puis la femelle se retourne pour un accouplement face à face.

CI-DESSUS

Les baleines à bosse femelles jouent les sirènes avec leurs chants envoûtants. Cette mélodie des flots attire souvent plusieurs mâles qui se livrent à des joutes impressionnantes, certains individus se propulsant hors de l'eau et se laissant retomber sur le dos en créant d'immenses remous. L'amour donne des ailes, même chez les baleines.

Quant aux femelles elles introduisent selon leurs caprices, le spermatophore d'un ou plusieurs mâles. La fécondation peut intervenir très vite ou être différée, les semences étant conservées dans des spermathèques. Si la fécondation intervient rapidement, les spermatophores des premiers heureux élus sont avantagés ; si la femelle prend son temps, celui d'aller d'un partenaire à un autre, il y a de fortes chances pour que les spermatozoïdes des spermatophores stockés les premiers soient morts ou considérablement affaiblis. Il arrive chez certaines espèces que les femelles rencontrent un spermatophore qui leur convient mieux et expulsent celui ou ceux qu'elles ont capturés auparavant. Heureusement les pauvres mâles ne sont pas au courant, ce qui leur évite tout dépit amoureux.

Le mieux pour les précieux spermatozoïdes est la fécondation interne. Tout le problème est d'arriver à aborder le corps des femelles. Pour ce faire, ces insectes possèdent des organes sexuels, des *genitalia*. Ce n'est pas le cas chez les punaises, bien nommées en la circonstance, puisque le mâle se contente de pénétrer le corps de la femelle n'importe où dans l'abdomen. Il existe aussi des vers plats tout aussi piqués et dénués de sentiment. Quant aux sangsues mâles, on s'en doutait, elles déposent leur semence dans les fluides corporels au travers de n'importe quelle partie du corps. Ces corps-à-corps ne se font pas dans la délicatesse et restent des cas assez

CI-DESSUS
Deux libellules sur une feuille se rapprochent. La femelle saisit le mâle par le cou et celui-ci incurve son long abdomen pour pénétrer celui de la femelle. Ils restent ainsi jusqu'à ce que la femelle ponde les œufs fécondés. Pendant cette longue étreinte, leurs corps dessinent un « cœur de copulation ».

rares. Ils présentent de graves inconvénients puisqu'il n'est pas certain que les spermatozoïdes puissent retrouver les ovules, alors que les femelles risquent d'être blessées ou infectées par des agents pathogènes. L'invention des organes sexuels, comme les *genitalia*, est propice aux ébats amoureux et rend les choses plus belles, comme chez les libellules qui s'accouplent longtemps en courbant leurs longs corps qui dessinent un beau cœur copulatoire.

Seulement l'affaire n'est jamais définitive pour les mâles, à cause de la guerre du sperme. Chez les moustiques, le premier mâle qui a droit aux faveurs de la belle dépose une substance destinée à éliminer le sperme de ceux qui passent après. Il est bien aussi d'être le premier partenaire si la femelle se contente de conserver la semence dans sa spermathèque et ne s'offre plus aux autres mâles. Il arrive aussi que chez certaines espèces les femelles trouvent un autre mâle plus séduisant, expulsent la semence du précédent et reprennent leurs amours. À ce petit jeu, des mâles s'arrangent pour sécréter un bouchon qui obstrue le conduit génital de la femelle. Certaines arrivent à s'en débarrasser et cet obstacle peut également être détruit par les autres mâles, qui connaissent la musique.

DOUBLE PAGE PRÉCÉDENTE
La danse des grues décrit des intentions si évidentes et si naturelles que des peuples s'en sont inspirés pour leurs danses cérémonielles. Les parades requièrent la vivacité des acteurs qui déploient leurs plumages, autant de signes de vigueur et d'engagement qui augurent de bons géniteurs et de l'engagement des partenaires.

CI-CONTRE
Deux fous de Bassan s'accouplent au milieu des autres. La copulation requiert la coopération des deux partenaires pour assurer de meilleures chances de fécondation. La répétition des accouplements a une double fonction : favoriser la fécondation et réaffirmer les liens du couple, une nécessité au milieu de tant d'autres couples.

L'amour avec ou sans pénis

Plus les ovules sont rares et précieux, plus on pourrait s'attendre à ce que la fécondation interne soit assurée, notamment par le rapprochement des gamètes des deux sexes, par fécondation interne et grâce à un pénis. Les oiseaux se débrouillent très bien sans organe sexuel érectile mâle, fait d'autant plus étonnant que dans les grandes lignées plus proches, comme les reptiles, les mâles ont un pénis. Les partenaires sexuels s'en sortent fort bien en mettant leurs cloaques respectifs en contact. Comme toujours il y a des exceptions, avec l'étonnant organe phalloïde de plusieurs espèces de canards et de cygnes ou chez d'autres espèces de grande taille comme les émeus et les nandous. Dans le genre cocasse, on observe un tel organe mâle chez les deux sexes des tisserins !

Pénis ou pas pénis chez les oiseaux, cela n'empêche pas la guerre du sperme chez les espèces qui ne sont pas monogames ou contrôlées par le zèle d'un mâle jaloux de ses privilèges. Une femelle mésange copule des dizaines de fois avec un même partenaire, ce qui permet à ce dernier d'éliminer le sperme de ses concurrents et d'en introduire plus. Moins élégants et plus coercitifs ces petits hocheurs qui piquent de leur bec le cloaque de la femelle jusqu'à ce qu'elle évacue la semence du partenaire précédent, heureux en amour mais c'est tout.

Les mammifères mâles possèdent tous un pénis érectile, le plus souvent bien protégé dans un fourreau hors de la période des amours. Les tailles et les formes

CI-DESSUS

L'idée d'amour chez les serpents surprend, même si la vipère aspic de la photographie de gauche se comporte comme un joli cœur avec son long corps incurvé. Chez les crotales, les effluves lâchés par la femelle attirent un mâle avec lequel elle entame une danse, les deux corps redressés dessinant aussi un cœur. Animaux à sang froid, ils prennent leur temps, la copulation pouvant durer une vingtaine d'heures !
La vipère commune se montre aussi désireuse que volage. Elle sollicite plusieurs copulations avec un partenaire, puis en change. Le puritanisme et les vipères lubriques n'ont jamais été faits pour s'entendre.

DOUBLE PAGE SUIVANTE

Comment faire l'amour là-haut dans les arbres ? Les orangs-outans ont des mœurs de célibataires obligés mais pas endurcis. Ils ne manquent pas les occasions de se rencontrer, surtout s'il s'agit de sexe. De tous les singes et les grands singes, ils se montrent les plus inventifs. Pourtant leurs mœurs n'ont jamais nourri les fantasmes ou les histoires les plus saugrenues alors que c'est le cas pour les gorilles, très sobres en matière de sexe, ou les chimpanzés et les bonobos, particulièrement expéditifs sur le sujet.

des pénis varient considérablement, avec souvent des accessoires, comme des aiguillons ou divers renflements. Le *bacculum* est un autre accessoire, une sorte de baguette cartilagineuse plus ou moins longue qui soutient le pénis en érection. Celui des narvals est légendaire. Ces variations morphologiques sont liées, elles aussi, à la guerre du sperme.

Le vagin est un milieu acide qui n'est guère propice à la survie des spermatozoïdes, dont seulement une infime partie arrive à l'utérus. Le pénis a plusieurs utilités : libérer la semence au plus près de l'ovule ; nettoyer et stimuler les muqueuses du vagin ; éliminer le sperme des concurrents, et tout cela le plus souvent en procurant du plaisir. Atteindre ces précieux ovules, lovés dans le corps de la femelle, c'est de cette exigence que viennent tous les artifices de l'amour.

Faire l'amour, oui, mais combien de fois ?

Les libellules accroche-cœur multiplient les copulations. Les crotales, tendrement enroulés, se lancent dans des étreintes qui peuvent durer plus d'une journée. Ces quelques performances font exception, car deux partenaires occupés à faire l'amour et tout accaparés par leurs échanges constituent des proies inattentives pour les prédateurs.

CI-CONTRE

Petites indiscrétions dans un nid d'amour avec orangs-outans. Ces grands singes faussement langoureux adoptent toutes les positions grâce à la grande souplesse de leurs membres. Ils se servent aussi de leurs mains et de leur bouche dans leurs jeux amoureux. Orangs-outans signifie « hommes de la forêt » en langue indonésienne. Une légende dit que les grands appels des mâles, amplifiés par les renflements cutanés du visage, seraient des cris d'amour et de désespoir adressés à leurs femelles qui les auraient quittés pour le monde des hommes.

CI-CONTRE
L'acte sexuel n'est pas de tout repos, même chez ces graciles gazelles de Thomson aux yeux de biche. Leurs regards inquiets ne sont pas dus à la présence d'autres gazelles mais à la crainte d'être surprises en mauvaise posture par un prédateur. Très peu d'espèces s'adonnent au plaisir d'une longue copulation qui mobilise toutes les attentions... et les inattentions.

La brièveté des rapports semble la règle, même chez les mammifères et même si certaines espèces impressionnent par la longueur de leur coït (plusieurs heures chez les belettes et les putois). Les castors ne sont pas mal non plus et on ne saurait oublier les légendaires rhinocéros, qu'ils soient à une ou à deux cornes.

Il y a aussi des légendes usurpées, comme pour les gorilles dont les organes sexuels sont proportionnels à leur faible libido. Malgré quelques exceptions, les coïts sont rares et souvent brefs chez les espèces monogames, chez lesquelles l'amour passe plus par l'attachement que par le sexe. Il en est de même chez les espèces où les mâles se démènent plus pour interdire l'accès à leur harem qu'à faire l'amour. Non seulement ils copulent peu, mais en plus ils empêchent les autres de copuler. Quand l'amour n'est pas là, la frustration engendre les frustrations.

Les espèces les plus portées sur la chose s'honorent d'avoir des mâles nantis de pénis et de testicules bien développés, car les femelles se montrent exigeantes et d'humeur changeante pour le choix des partenaires. Ces femelles, comme chez les chimpanzés, les bonobos, les macaques et les babouins, aiment les variations. Par conséquent, la seule façon pour un mâle d'espérer laisser une plus grande descendance passe une fois de plus par la guerre du sperme. La taille du pénis procure les avantages cités précédemment, avec la capacité de procurer le plaisir recherché par les femelles. La taille des testicules renvoie à la possibilité de produire et surtout de délivrer une plus grande quantité de sperme que les autres mâles. Il y a la quantité mais aussi la qualité, puis-

CI-DESSUS

Pendant sa parade, ce verrat ou mâle phacochère pousse gentiment le flanc de la laie, renifle ses parties génitales et pose son museau sur sa croupe. Les phéromones des glandes labiales attisent aussi le désir. Il insémine ses spermatozoïdes près du col de l'utérus grâce à un long pénis spiralé. Une fois engagés, les partenaires s'accouplent parfois pendant plus de dix minutes, la copulation se terminant par une très longue éjaculation du mâle, en relation avec la grande taille de ses testicules.

CI-DESSUS, À DROITE

Les juments forment des harems sous l'œil jaloux de l'étalon, ce qui laisse beaucoup d'autres mâles sans femelles. Ils se confrontent dans des joutes ritualisées qui permettent d'instaurer une hiérarchie, limitant les risques de combats plus violents quand ils seront rivaux, car les ruades et les morsures deviennent vite dangereuses tant que l'un des protagonistes ne cède pas. Les zèbres sont très à cheval sur ces principes.

que la semence d'un mâle contient des spermatozoïdes désireux d'aller au plus vite vers l'ovule alors que les autres, sacrifiés d'office, se vengent en tuant les spermatozoïdes étrangers. Ces caractères se retrouvent dans toutes les sociétés animales où les jeux de l'amour et le choix des partenaires sont plus ou moins libres, comme chez certains papillons volages. Dans ce cas les femelles mènent le jeu car, comme chez les singes et les grands singes évoqués, elles offrent des périodes de réceptivité sexuelle assez longues et, surtout, se parent d'attributs anatomiques très excitants, comme le gonflement de leurs régions vulvaires, dont la couleur varie du rose au pourpre brillant. Les mâles avertis deviennent la proie du désir.

On l'a dit, les espèces adeptes du long coït sont plutôt rares, les mâles n'ayant peut-être pas survécu au champ d'honneur. La sélection sexuelle a des conséquences décevantes (pour les femelles). À la place d'un long coït monotone, les partenaires préfèrent sa répétition. Il en est ainsi chez les criquets australiens ou les mésanges. Les félins ont des amours aussi brèves que rugissants, surtout les chats. Les tigres et les lions se lancent dans des séries de plusieurs dizaines de coïts, parfois plus d'une centaine, qui durent de un à six jours. Ces copulations répétées déclenchent l'ovulation et donc la fécondation. Chez les babouins et les macaques, ces coïts aussi brefs que répétés permettent, dans un premier temps, d'éliminer le sperme des autres amants et, dans un deuxième temps, de déclencher une ou plusieurs éjaculations. Si les grands félins mâles s'assurent l'exclusivité de la femelle, il n'en est rien chez les macaques et les babouins, où c'est l'ovulation qui entraîne les chaleurs et la réceptivité sexuelle des femelles. Il y a bien sûr les chimpanzés et les bonobos, dont le nom de genre officiel est *Pan*, un des personnages mythiques des plus libidineux du panthéon grec, sans oublier les petits noms d'espèces comme *satyrus* ou *troglodytes* en référence à leurs mœurs et à la taille de leurs testicules. En la matière, la science ne contredit pas la connaissance populaire puisque les suidés ou cochons (phacochères) inséminent des milliards de spermatozoïdes au cours de très longues éjaculations... Beaucoup de mâles aimeraient être des cochons.

Dans toute cette diversité, la vraie monotonie concerne le classicisme de la position de copulation dite ventro-dorsale avec le mâle montant la femelle. Pour faire l'amour il faut être deux, et tout faire pour que cela se passe bien. Tenter une approche trop hardie déclenche parfois des réactions très vives des femelles, ce que savent bien les étalons, qui risquent de prendre une ruade bien placée. Les femelles des félins se couchent le ventre à terre et soulèvent la croupe en dégageant la queue sur le côté. Les castors font cela assis, la femelle se positionnant sur le mâle campé sur son séant. C'est toujours ventro-dorsal, mais cette fois avec le mâle au-dessous. Les amours sont plus acrobatiques chez les macaques et les babouins puisque les mâles grimpent en posant leurs pieds sur les mollets des femelles pour accéder à leur vagin.

Les grands singes varient un peu les positions de l'amour. Les chimpanzés préfèrent la position classique ventro-dorsale, avec la femelle allongée ou accroupie sous le mâle, et, selon les partenaires et la recherche du plaisir, pratiquent aussi la position assise, avec le mâle sous la femelle. Il leur arrive également de faire ça en l'air, suspendus dans les branches, et plus rarement avec les partenaires face à face (ventro-ventral). Les bonobos, les autres chimpanzés dits « kamasutra », pratiquent l'amour dans toutes les positions au gré des partenaires et dans toutes les circonstances. Leur pénis dépourvu de *bacculum* facilite ces fantaisies à géométrie variable. Parmi les grands singes, mis à part les gorilles si peu portés sur la chose, il y a les magnifiques orangs-outans. Les ayant très longtemps considérés comme de grands placides, on a peu porté attention à leurs mœurs sexuelles. Eux aussi aiment varier les positions. Ils pratiquent divers jeux hédonistes avec leurs parties sexuelles, les mains et la bouche, se montrant bien plus inventifs dans les préliminaires et les attouchements que les bonobos, plutôt directs et répétitifs. Enfin, loin des arbres, il y a quelques cétacés comme les dauphins qui copulent brièvement face à face, ce qui demande du souffle quand on est un mammifère qui fait l'amour en apnée.

CI-DESSUS
Ce couple de dauphins glisse gracieusement dans l'eau avant de s'accoupler. Pour en arriver là, le mâle s'est livré à un véritable harcèlement sexuel. Finalement, la femelle se retourne et s'abandonne à un accouplement face à face et en apnée. Seuls quelques cétacés comme les dauphins et quelques grands singes comme les orangs-outans, les chimpanzés et les bonobos se laissent aller à des actes sexuels face à face.

DOUBLE PAGE SUIVANTE
L'air rieur et satisfait du dauphin mâle dissimule un piètre séducteur qui doit en faire beaucoup pour arriver à ses fins.

CI-DESSUS

Élever autant de petits est un vrai défi pour cette cane. Avant cela, elle a choisi un mâle séduisant, pour avoir de beaux canetons, et fort, pour éviter d'être harcelée par les autres mâles. Car ces beaux oiseaux ont tendance à harceler et à violer les femelles. Le mâle défend activement son petit monde et peut se montrer agressif envers sa cane s'il juge qu'elle s'approche trop près d'un autre mâle. La vie de famille n'est pas de tout repos sur la mare aux canards.

DOUBLE PAGE SUIVANTE

La cane se comporte comme une mère poule avec ses canetons. Elle se montre d'autant plus attentionnée envers ses petits qu'elle ne cesse de regarder le mâle. Tant qu'il garde de sa superbe, elle prend bien soin de leur progéniture, même si cela ne doit durer que pour une seule saison de reproduction.

CI-DESSUS
Un appétit d'oiseau à contenter est un vrai sacerdoce pour cette fauvette et cette mésange. Avant de former un couple, les mésanges acquièrent une bonne expérience sexuelle avec plusieurs partenaires. Quand un mâle et une femelle décident de s'engager dans une relation plus pérenne, les partenaires multiplient les copulations, ce qui permet d'assurer la fécondation et de resserrer les liens. Mais cela ne s'arrête pas là. La femelle épuise son compagnon pour lui ôter l'envie de se disperser ailleurs, car elle a besoin de son investissement pour éduquer des oisillons vraiment exigeants.

Ces œufs tant aimés

Il y a l'amour avant et après faire l'amour. On vient de voir que plus les ovules sont rares, précieux et protégés dans les replis corporels du corps des femelles, plus les mâles doivent mettent en œuvre toutes sortes de procédés pour espérer les féconder. Si les ovules sont rares, il en est de même pour les œufs fécondés. Le succès reproducteur des femelles passe par la protection de ces œufs fécondés, mais on aurait tort de croire que les mâles n'ont qu'à saillir le plus grand nombre de femelles pour se reproduire.

Plusieurs lignées évoluent en protégeant toujours plus les œufs fécondés. Chez tel poisson, les mâles conservent les œufs fécondés dans leur cavité buccale. L'hippocampe mâle étonne en faisant de même dans son abdomen. Les grenouilles buffo ou les crapauds accoucheurs confient aux mâles les œufs fécondés qu'ils transportent sur leur dos. Ce sont là de rares exemptions, puisque la charge de la protection des œufs fécondés incombe le plus souvent aux seules femelles.

La sortie des eaux n'a pas été une mince affaire pour les animaux en raison de l'éloignement de l'eau, porteuse de vie à tous les égards. Les choses semblent plus faciles pour les insectes puisqu'ils disposent d'un corps enfermé dans une carapace, d'un squelette externe qui d'emblée soutient le corps contre la pesanteur et le protège de la dessiccation. Seulement cette carapace ne permet pas d'accueillir des œufs qui prennent du volume. Même si les reines reproductrices chez les fourmis, les termites et autres possèdent un corps gigantesque par rapport à celui de leurs filles, elles restent des machines à produire des larves. Le problème chez les insectes consiste à trouver ou à construire un milieu propice au développement des larves, que ce soit dans des nids, dans des ruches, dans des fruits ou dans le corps d'autres animaux. Certaines araignées conservent les larves sur leur corps et se font dévorer, cas extrême de la mère nourricière.

Les vertébrés font tout à l'envers, comparés aux insectes. D'abord ils ont dû consolider leur squelette interne pour se déplacer hors de l'eau, car la masse du corps devient un poids. Ils acquièrent aussi une peau et des accessoires qui évitent la dessiccation. Mais le plus gros problème sera l'invention de l'œuf amniotique: un volume clos et humide qui respire, propice au développement de l'embryon et capable de lui fournir des nutriments. Les amphibiens conservent une reproduction héritée de leurs ancêtres poissons en laissant les œufs fécondés voguer au hasard des courants. Une petite partie arriveront au stade de larves (têtards) et quelques rares survivants de ce passage aquatique atteindront la métamorphose. Les autres vertébrés terrestres coupent le cordon ombilical avec le milieu aquatique grâce à l'œuf amniotique, qui contient en lui le milieu aquatique originel. Cet œuf emporte une partie de la mare avec lui.

Les vertébrés terrestres inventent toutes sortes de variations autour de l'œuf: oviparité (l'œuf se développe hors du corps de la femelle), ovoviviparité (ovipares chez lesquels l'œuf éclot dans le corps de la femelle) et viviparité (de l'œuf au fœtus, le développement se fait en partie ou complètement dans l'utérus; la mère apporte tous les éléments nutritifs). Une fois de plus, comme toujours dans l'évolution, ils ne sont pas les seuls à jouer des gammes autour du thème de l'œuf puisque certaines espèces de requins pratiquent l'ovoviviparité et la viviparité. L'oviparité passe par la production d'un ovule/œuf de grande taille protégé par une enveloppe externe qui est déposé par la femelle dans un nid. Les tortues et la plupart des reptiles, comme les serpents, abandonnent les œufs. Chez les crocodiles, les mères restent à proximité et en défendent farouchement l'approche.

Les oiseaux pratiquent une ovoviviparité stricte, qui exige beaucoup de soins et de protection autour de couvées composées d'un à seulement quelques œufs. Les femelles couvent, mais les mâles aussi chez nombre d'espèces. Le développement des œufs exige un fort investissement parental de la mère ainsi que du mâle, avant ou après la fécondation comme avant ou après l'éclosion.

CI-CONTRE
La rousserolle femelle n'hésite pas à partir en expédition sexuelle pour trouver le partenaire idéal et éviter la consanguinité. Elle est sensible aux mâles qui chantent avec le répertoire à la fois le plus long et le plus varié, indice de ses qualités. Plus elle sera charmée, plus elle investira dans l'éducation de ses oisillons.

CI-DESSUS ET CI-CONTRE

Les hérons, très grégaires, vivent au milieu d'autres couples. Ils tolèrent la présence de leurs voisins mais interdisent fermement l'approche de leur nid. Il arrive que plusieurs espèces de hérons nichent dans les mêmes arbres ou les mêmes aires avec des individus d'autres espèces, qui n'hésitent pas à manger les œufs de leurs voisins. Les hérons sont strictement monogames et, comme il se doit, les individus des deux sexes ont la même taille et le même plumage. Ils exhibent leur beau ramage au cours des pariades. Alors, si leur vie de couple se passe bien, leurs couleurs deviennent encore plus vives. L'amour rend plus beau !

DOUBLE PAGE PRÉCÉDENTE
Vol au-dessus de nids de fous de Bassan. Comment font-ils pour se retrouver ? À nos yeux, il n'y a aucune différence d'aspect entre les mâles et les femelles. C'est que chez ces oiseaux l'amour ne rend pas aveugle.

CI-CONTRE
Un ou une parmi tant d'autres chez les fous de Bassan. Une longue attente et, peut-être, de l'inquiétude. Car ces oiseaux méritent bien leur nom, qui se précipitent dans des vols en piqué vertigineux pour capturer un poisson. Il arrive qu'ils se brisent le cou. Autre danger, les prédateurs. De telles colonies présentent un avantage puisque les chances d'être une victime sont d'autant plus réduites qu'ils sont nombreux, sans oublier que cela fait autant de paires d'yeux pour donner l'alerte.

Il y a donc œuf et œuf: l'œuf fécondé commun à toutes les espèces sexuées; l'œuf amniotique comme milieu protecteur et nécessaire au développement de l'œuf fécondé avec, selon les espèces, des investissements en termes d'énergie, de protection et d'éducation très déséquilibrés entre les deux sexes. Toutes les variations des jeux de l'amour tournent autour de ces deux œufs.

D'abord, comment faire pour que des individus des deux sexes se retrouvent pour échanger leurs gamètes? Comment les femelles, qui investissent de plus en plus dans une progéniture rare et exigeante en matière de protection, de soin, de nourrissage et d'éducation, acceptent-elles d'être approchées et fécondées par un mâle qui devra introduire d'une façon ou d'une autre sa semence dans leur corps? Comment les femelles choisissent-elles le ou les mâles selon que ceux-ci auront ou non à protéger les jeunes, les couver, les nourrir, les éduquer ? Les amours se compliquent selon ces exigences, car pour les mâles, séduire une ou des femelles afin de féconder un œuf ou des œufs est une chose; mais séduire pour être choisi à la fois pour féconder et pour protéger l'œuf ou les œufs et ce qui en naît en est une autre. La diversité des stratégies amoureuses tourne autour de ces histoires d'œufs.

Les mammifères n'échappent pas à ces exigences, bien que les mâles, contrairement à leurs coreligionnaires du même sexe chez les oiseaux, se voient affranchis de ces obligations en termes de couvaison et le plus souvent d'aide auprès des mères. Mammifère signifie porteur de mamelles et traduit le fort investissement des seules

CI-DESSUS

Les magots d'Afrique du Nord et les babouins des savanes du Kenya vivent dans des groupes multifemelles/multimâles. Ces macaques et ces babouins se ressemblent assez peu à l'âge adulte mais beaucoup lorsqu'ils sont jeunes et couverts de poils noirs. Les mères mettent au monde après une gestation de six mois et ce tous les deux ans. Cet enfant unique est le centre de toutes les attentions. Lorsqu'elles sont en période de fécondité (on dit en œstrus chez les singes) elles s'accouplent avec plusieurs mâles, cédant aux dominants, plus ou moins tolérants sur la question, et surtout à leurs partenaires préférés. Ceux-ci acquièrent ce statut après avoir fait la preuve de leur attention et de leur gentillesse en les épouillant et en leur offrant des présents, comme de petites proies chez les babouins. Les magots se montrent tout aussi prévenants, surtout envers les petits, même s'ils ne sont pas les pères. Chez les deux espèces, le comportement affectif et tolérant des mâles s'impose comme un critère de choix pour espérer avoir les faveurs d'une femelle.

femelles, depuis la production de l'ovule jusqu'au sevrage, selon des périodes qui vont de quelques semaines à plusieurs années. Chez les espèces à fort taux de reproduction, comme les rongeurs et leurs prédateurs, les petits naissent assez immatures et deviennent vite adultes. L'investissement de la mère repose sur la production d'ovules et de plusieurs embryons simultanément, puis sur une courte période d'allaitement avec un sevrage relativement rapide. Les jeunes deviennent vite indépendants et l'investissement éducatif de la mère est faible, avec des différences notables selon les espèces, notamment chez les prédateurs. À l'opposé, nombre d'espèces de mammifères se reproduisent très lentement, avec un seul petit au terme d'une longue gestation. Elles se distinguent par des espérances de vie plus longues, ce qui accroît d'autant le temps de l'enfance et de l'éducation. Ce sont deux stratégies de reproduction : l'une, reposant sur une progéniture nombreuse avec un développement et une croissance rapide associés à une espérance de vie limitée, se nomme stratégie r ; l'autre, privilégiant une progéniture rare et exigeante en termes d'investissement énergétique et éducatif de la mère avec une longue espérance de vie, s'appelle stratégie K. Ces dénominations représentent des coefficients d'équations inventées par les écologistes pour décrire la diversité des stratégies de reproduction chez les mammifères. Entre les rongeurs – très r – et les cétacés ou les grands singes – très K – on observe une grande diversité de stratégies.

DOUBLE PAGE SUIVANTE ·
Le petit faon naît unique et fragile. Les femelles ont intérêt à choisir un mâle puissant, capable de défendre un territoire riche en ressources. Il arrive que cette stabilité soit remise en cause par l'affaiblissement du mâle résidant, bientôt chassé par un mâle plus jeune et plus vigoureux. Celui-ci peut exercer un chantage en menaçant le jeune faon pour obliger les biches à s'accoupler.

Une question énigmatique : les mâles nécessaires ?

En toute logique, la grande devise dans la nature devrait être «pour vivre et se reproduire au mieux de nos intérêts, restons entre filles». Chez les insectes, les femelles mènent la vie dure aux mâles. C'est le cas aussi chez nombre d'espèces de poissons, les mâles se réduisant à de petits porteurs de spermatozoïdes. C'est l'inverse chez les oiseaux et surtout chez les mammifères, où les mâles sont souvent plus corpulents, actifs et encombrants, voire dangereux. Alors quels sont l'utilité et le bon usage des mâles?

CI-CONTRE
Les grèbes, qui ont des mœurs très aquatiques, construisent de simples nids faits de tiges de roseau et d'herbes, des nids flottants. Le compagnon de cette femelle rend visite à sa famille. Les parades qui ont précédé leur union ont porté leurs fruits et elle a apparemment choisi un bon mâle.

DOUBLE PAGE SUIVANTE
Alors, tu veux ou tu veux pas ? Le mâle de la mante religieuse hésite, bien qu'il ne sache pas à quoi il doit s'attendre : mourir en s'accouplant. Le mâle n'a pas l'occasion d'avoir une expérience amoureuse. Il ne connaîtra qu'un seul amour. Quant aux femelles, elles en croquent.

Les formes de vie les plus simples se reproduisent au vrai sens du terme par simple division (mitose). Les formes de vie les plus complexes, comme les mammifères, font peser presque tout le poids de l'investissement énergétique et comportemental sur les femelles. D'un côté pas de mâle, car il n'y a pas de sexe, et de l'autre des mâles qui se contentent de livrer leur semence. Alors, quel est l'avantage évolutif des mâles en regard du coût de leur éducation ? Pourquoi les mâles sont-ils nécessaires, surtout chez les mammifères, alors que par leur présence et leurs activités ils mobilisent une part considérable des ressources disponibles pour l'espèce ?

Il existe des espèces qui, après avoir été sexuées, sont revenues à la reproduction parthénogenèse, où la reproduction se fait sans fécondation, donc sans le recours à des mâles, comme chez les lézards du désert. Chez d'autres espèces, les mâles ne sont utiles que pour stimuler l'ovulation des femelles, sans intervenir dans la fécondation, sans délivrer leur semence. Il ressort de l'observation de ces espèces qu'elles vivent dans des milieux marginaux, à la limite de l'adaptabilité de leur lignée, dans lesquels les conditions environnementales sont relativement stables. Autre aspect fondamental, elles vivent dans des communautés écologiques sans réelle concurrence pour les ressources, sans forte menace de la part de rares prédateurs et sans risque important d'apparition d'agents pathogènes. La relaxation des facteurs de sélection naturelle ne requiert pas de forte variabilité, et par conséquent les femelles ont avantage à ne donner que des filles, alors que l'élevage de mâles entraînerait une concurrence pour le partage de ressources limitées. Quand tout

est tranquille dans une niche écologique, les mâles ne sont plus nécessaires. Les insectes sociaux comme les fourmis, les abeilles, les guêpes et autres termites font un usage très restreint des mâles. Leur rôle se limite à la fécondation de la reine, et les choses en restent là. Soit ils meurent après la copulation, soit ils sont décimés par leurs consœurs. Leur contribution à l'espèce se réduit à la fonction de pourvoyeurs de spermatozoïdes. Ils ne sont que des porteurs de spermatozoïdes. La devise bourdonnante de ces insectes est « vivons heureuses et restons entre filles ». Leur malheur, d'un point de vue très anthropocentrique, est que leur vie est entièrement dévolue à l'élevage de leurs sœurs car le mode de reproduction original donne des individus partageant les mêmes gènes. Ces insectes sociaux représentent un grand succès de l'histoire de la vie en raison de l'ancienneté de leurs lignées respectives – des centaines de millions d'années – et de leurs diversités passées et actuelles. Ils ne représentent néanmoins qu'une partie de l'immense biodiversité des insectes, dont le plus grand nombre n'a pas réussi à se dispenser des mâles (heureusement pour nous, car si tous les moustiques étaient des femelles, nos nuits d'été seraient un enfer). Chez les araignées et autres insectes peu sympathiques eu égard à nos phobies, les mâles se font aussi petits qu'ils le peuvent. Il leur faut une sacré dose de courage pour s'aventurer sur la toile de la belle convoitée. La moindre fausse note dans les vibrations annonciatrices de leur approche se solde par la mort. Tout n'est pas

CI-DESSUS

Chez les mantes religieuses, il arrive que l'on fasse l'amour têtes renversées et, quoi qu'il en soit, le mâle perdra la sienne. Les mantes ont inventé l'usage le plus rationnel du mâle : il sert à pourvoir de la variabilité génétique, il copule sans faire d'histoires et il est dévoré en guise de cadeau nuptial, apportant à sa femelle des aliments pour le développement de la ponte.

CI-CONTRE
Un des sommets de l'art de la séduction et de la frime chez les oiseaux de paradis. Le mâle chante, s'ébroue, bat des ailes et déploie sa queue sur une branche ensoleillée pour se parer de toutes ses couleurs. La femelle n'a pourtant pas l'air de se laisser impressionner facilement, en fine connaisseuse qui n'en est pas au premier mâle visité. Elle fait son choix. Une fois qu'elle accepte, le mâle conclut l'affaire promptement, pensant déjà à sa prochaine conquête. Comme tous les mâles séducteurs, et quelle que soit l'espèce, il ne participe pas aux soins des jeunes.

perdu puisque à défaut de féconder la femelle, ils la nourrient. Chez certaines espèces d'araignées, on trouve des mâles à la fois plus petits, plus malins et plus sensuels puisqu'ils se réfugient dans le conduit génital de la femelle, bien protégés, sûrs de ne pas louper leur tour et vigilants face à l'intrusion d'un concurrent. D'une manière générale, mis à part le cas précédent, chez les insectes, les mâles ne sont pas à la fête, par exemple chez les mantes religieuses. Heureusement, toujours de notre point de vue, il y a les papillons, les cigales et les libellules qui enchantent nos étés et qui s'égaient des jeux de l'amour.

Nous avons déjà esquissé un élément de réponse sur l'intérêt des mâles à propos des espèces et de leurs conditions de vie. Le sexe sert à proposer et à fixer de la variabilité. La « reine rouge » en appelle aux mâles nécessaires. Chez la majorité des insectes, leur rôle se réduit au minimum : porteurs et dispensateurs de gènes. À l'occasion, ils sont dévorés, comme ça les ressources qu'ils ont utilisées pour leur survie profitent aux femelles.

Il en va autrement chez les oiseaux et les mammifères. Il faut bien que les avantages procurés par les mâles dépassent le coût extravagant de leur existence au sein de l'espèce. Chez la gent volatile, les mâles dépensent une énergie considérable soit pour séduire les femelles (chants, parades, plumage exubérant, construction de nids, combats), soit pour contribuer à l'élevage des jeunes (couvaison et/ou nourrissage). On observe une grande diversité d'organisations sociales. On pense souvent aux

CI-CONTRE

Chez les kangourous et les autres marsupiaux, l'œuf fécondé commence son développement dans l'utérus avant de migrer très tôt dans la poche ventrale de la mère, la marsupie, qui contient un appendice nourricier. Le jeune profite longtemps de ce confort, prenant tout son temps pour quitter le giron maternel.
Quand la femelle redevient fécondable, le mâle prétendant, qui s'est assuré auparavant de sa domination sur ses rivaux, la suit attentivement et la courtise pendant des heures, parfois des jours. Il renifle le ventre de la belle et lui tapote gentiment sur la queue jusqu'à obtenir son consentement. La vie amoureuse du perroquet de passage est tout autre.

magnifiques mâles chez les paons, les faisans, les paradisiers, les tétras-lyres, les dindons… qui se distinguent nettement des femelles par leur plus grande taille corporelle et par la magnificence de leur plumage, ce qu'on appelle le dimorphisme sexuel. À l'inverse, il existe d'autres espèces, parmi les plus nobles à nos yeux, où les femelles sont plus grandes, comme chez les oiseaux de proie. Enfin, une majorité d'espèces pratiquent l'égalité des sexes pour la taille, le plumage et le partage des tâches. Ces différences entre les sexes expriment différents rôles dédiés aux mâles, entre protection, séduction et investissement parental.

La question du rôle des sexes apparaît bien plus tranchée dans le sens de l'inégalité chez les mammifères. À part les curieux ornithorynques chez lesquels les femelles s'en sortent avec un œuf, la charge du développement de l'embryon et du fœtus incombe aux seules femelles, avec en prime l'allaitement après la naissance. Chez les mammifères marsupiaux, le petit sort très tôt de l'utérus. Il poursuit son développement dans une poche du ventre de la mère appelée marsupie, où il s'accroche à un pinceau de poils par lequel suinte le lait. Chez les mammifères placentaires, le ou les petits se développent et entament leur croissance au sein de l'utérus grâce au placenta jusqu'à la naissance. Puis, ils sont livrés aux bons soins de leur mère qui leur fournit du lait grâce à ses mamelles. Les mâles ne sont guère utiles de la conception au sevrage. Leur présence s'avère d'ailleurs peu souhaitable. De fait, il existe parmi les mammifères placentaires peu de groupes sociaux où les mâles ont le droit de rester.

C'est là un des aspects les moins connus des systèmes sociaux des mammifères. Les femelles doivent s'occuper d'elles-mêmes comme de leurs jeunes. Elles se procurent de la nourriture pour elles-mêmes et pour le ou les petits qui poussent en elles, puis pour les allaiter jusqu'au temps du sevrage, sans oublier les tâches éducatives, la surveillance et la protection, parfois contre les mâles de leur propre espèce. Cela fait beaucoup. C'est pour cela qu'on désigne les femelles comme le sexe écologique. C'est aussi pour cela qu'elles s'arrangent souvent pour se passer des mâles, hormis leur implication nécessaire au cours de leurs périodes de fécondité. Partager ces ressources avec des mâles constitue un fardeau supplémentaire.

Le système social le plus répandu et le plus archaïque est dit « en noyau ». Chaque femelle dispose de son territoire et de ses ressources, défendus avec vigueur, comme chez les ours. Les mâles adultes et reproducteurs ne sont tolérés que lors des périodes de chaleur. Ces derniers s'efforcent de défendre un accès exclusif à plusieurs femelles. Leur territoire chevauche celui des femelles qu'ils ont placées sous leur protection et leur exclusive. Ils se rencontrent assez peu, sauf au moment des amours, comme chez les orangs-outans et les tigres. Chez ces derniers, la force et la puissance du mâle résidant sont des éléments essentiels du succès reproducteur des femelles. Tant qu'il reste le seigneur incontesté, aucun autre mâle n'osera s'aventurer

CI-DESSUS

De l'amour, il en existe diverses formes, qui passent par les liens familiaux ou la longue habitude de vivre dans un même groupe depuis l'enfance, sans oublier l'amour filial. Chez les grands mammifères, même marsupiaux, les jeunes grandissent en étroite relation avec la mère et, selon les systèmes sociaux, avec les autres membres du groupe. Dès leur plus jeune âge ils s'habituent aux contacts, aux baisers, aux caresses. Ces attitudes se retrouvent plus tard dans les relations d'amitié, à condition, bien sûr, que leur enfance leur ait apporté assurance, protection et affection. Ces formes d'amour déployées au cours de l'enfance et au sein du groupe excluent souvent l'amour sexuel avec les individus familiers, ce qui évite aussi l'inceste. Il existe donc diverses formes d'amours, avec leurs ruptures nécessaires mais sans abandon pour autant : être sevré pour mieux se lier avec les autres ; quitter le groupe familial pour rencontrer des partenaires sexuels. L'amour n'existe que par ses ruptures réussies.

CI-CONTRE
De la fausse insouciance de l'enfance chez ces jeunes lionceaux qui, par leurs jeux, apprennent à ajuster leurs comportements et à contrôler leurs gestes, établissant ainsi leurs relations hiérarchiques et leurs codes. Ils sont fragiles, et beaucoup n'atteignent pas l'âge adulte. Ces liens de l'enfance demeurent chez les femelles, qui restent dans leur troupe natale. Unies, elles coopèrent pour la chasse et s'organisent pour une protection et une éducation collectives des jeunes. Quant aux jeunes mâles, qu'ils en profitent car, au cours de l'adolescence, leur père leur fera comprendre qu'il est temps d'aller voir ailleurs pour se trouver un groupe de lionnes à séduire, ce qui prendra des années, s'ils y arrivent. En attendant d'être assez forts, ils errent le plus souvent avec un frère avec lequel ils peuvent s'allier pour chasser un mâle résidant et s'emparer d'un harem. Sinon, il n'est pas rare que des mâles entretiennent des relations aussi affectives que sexuelles.

sur son domaine, ou alors aussi furtivement que discrètement. Seulement ses forces finissent par décliner avec l'âge et si un mâle plus jeune et plus fort l'élimine ou le chasse, celui-ci s'empressera de tuer les petits non sevrés. Les tigresses favorisent les mâles capables de maintenir leur suprématie le plus longtemps possible. Puis, au fil du temps, ils nouent des relations apaisées et parfois affectives. Il arrive qu'on les observe « en famille » ou pour partager une proie (abattue par la femelle). Quand celle-ci redevient fécondable, ils se retrouvent comme de vieux amants.

Même chez les tigres, réputés solitaires, les femelles encouragent l'installation de leurs filles sur des territoires voisins. C'est une façon de mieux contrôler les ressources, de compter sur des alliés en cas de besoin et d'éviter des conflits aux limites de leurs domaines respectifs.

Un moyen encore plus efficace pour les femelles consiste à vivre ensemble sur un même territoire. Cela n'est possible que si l'inconvénient de la compétition pour les mêmes ressources est compensé par une meilleure défense collective de ces ressources, avec un bénéfice plus grand pour chacune. Ces femelles sont apparentées et ne quittent pas leur territoire natal de toute leur vie. Elles forment des sociétés matrilocales impliquant souvent des relations hiérarchiques très fortes, ce qui avantage les dominantes. Certaines de ces sociétés matriarcales ne tolèrent les mâles que pendant la période des amours, comme chez les éléphants. Chez d'autres espèces, les femelles acceptent la résidence d'un ou deux mâles, comme chez les lions et de nombreuses espèces de singes.

CI-DESSUS

Les lionnes s'occupent de tout et les problèmes ne manquent pas. Trouver de la nourriture en allant à la chasse exige de laisser les jeunes sans protection, à moins que d'autres femelles ne s'en occupent. Saisir une carcasse semble plus facile, mais il faut compter avec les hyènes, ennemies séculaires, que ce soit pour disputer une carcasse ou pour tuer les lionceaux. Ce n'est pas tout, puisque le mâle n'hésite pas à se servir en premier, alors plutôt agressif et souvent dangereux pour les petits.

Des inconvénients et des avantages des mâles et des harems

Les sociétés unimâles/multifemelles composent des harems dits polygynes dans lesquels un mâle adulte vit avec plusieurs femelles adultes et leurs petits. Ce système social présente des avantages et des inconvénients. Comme dans le cas des systèmes en noyau, les femelles ont intérêt à avoir pour mâle résidant un individu qui soit puissant, reproducteur et protecteur. La puissance de ces mâles se traduit par une différence de taille et de forme souvent considérable par rapport aux femelles, un fort dimorphisme sexuel. Leur corpulence égale plus de deux fois celle des femelles et s'accompagne souvent d'attributs de dissuasion comme les ramures des cervidés, la canine du narval ou les canines des singes. Les mâles de différentes espèces portent de belles toisons, comme les lions, les gorilles ou les babouins hamadryas, bien que la gent masculine mammalienne arbore rarement de belles couleurs, comme chez les oiseaux, à part les babouins mandrills ou les singes cercopithèques, qui d'ailleurs ne sont pas polygynes.

La puissance des mâles sert plus à écarter les autres mâles qu'à séduire les femelles, ce qui explique leur manque de couleurs. On l'a déjà dit, plus le mâle sera puissant, dissuasif et protecteur, plus les femelles auront des chances d'élever une ou plusieurs portées. Car lorsqu'un autre mâle prendra la place, il tuera les jeunes non sevrés de

CI-DESSUS ET CI-CONTRE

Ces scènes de la douceur de la vie familiale soulèvent une question : à quoi sert le mâle ? Le roi des animaux se la coule douce. Sa force s'avère tout de même nécessaire pour abattre de grands animaux comme les girafes et les buffles. Son rôle est d'assurer la

incursions des autres mâles en mal d'amour. Plus le mâle résidant sera puissant, plus les années passeront dans la sérénité permettant aux femelles de mettre au monde et d'élever une à plusieurs portées. Le lion entretient souvent de réelles relations

dominantes. Ces scènes paisibles tournent au cauchemar si un mâle arrive à prendre la place du mâle résidant, car il tuera les jeunes non sevrés afin que les femelles allaitantes redeviennent fécondables. Chez les lions, le mâle doit être très fort pour

Mais où est passé papa ? Les femelles éléphants vivent dans des groupes matriarcaux qui se dispensent des mâles. Ceux-ci sont des célibataires plus ou moins obligés qui se déplacent beaucoup sur de grandes distances, un des avantages associé à une grande taille corporelle. Ils restent parfois à proximité des groupes de femelles, notamment si certaines commencent à avoir des chaleurs. Les appels en basse fréquence se transmettent sur des kilomètres, ce qui permet aux groupes comme aux uns et aux autres de maintenir des relations, et surtout d'arriver au plus vite auprès d'une femelle dans l'attente d'un partenaire.

Maman éléphant est pleine d'amour pour son petit et ne plaisante pas si un individu étranger s'approche, quelle que soit son espèce. Une attitude qui ne trompe pas sur la photographie de gauche. Ces comportements très maternels sont liés à un mode de reproduction dans lequel la mère investit considérablement, en termes de gestation, d'allaitement et d'éducation. Pas besoin en plus de s'encombrer des mâles, qui sont fermement invités à aller brouter ailleurs.

CI-DESSUS
ET DOUBLE PAGE SUIVANTE
La femelle orang-outan vit seule sur son territoire avec son jeune. Leurs mœurs arboricoles leur assurent une bonne protection contre les prédateurs. Les femelles ont un petit seulement tous les cinq à sept ans, l'un des intervalles entre deux naissances les plus longs chez les animaux. C'est la dispersion des ressources qui contraint ces grands singes de Bornéo et de Sumatra à se répartir ainsi. Mais, dès qu'ils le peuvent, ils se montrent très sociables. Le mâle ne participe pas à l'éducation des jeunes. Il se contente de surveiller un vaste territoire qui recouvre ceux de plusieurs femelles. D'autres mâles errants rôdent en attendant d'établir un territoire, certains conservant des allures d'adolescent attardé. Cela leur évite d'être agressés par les grands mâles tout en abusant parfois les femelles.

DOUBLE PAGE PRÉCÉDENTE

Petite scène érotique chez les macaques du Japon. Parmi toutes les espèces de singes, ce sont ceux qui vivent le plus au nord. Dans les régions montagneuses de l'archipel nippon, ils aiment se baigner dans les sources d'eau chaude, particulièrement en hiver. C'est l'occasion d'ébats amoureux. Le mâle est bien plus grand que la femelle et semble presque en abuser. Les femelles de cette espèce sont connues pour avoir des relations sexuelles entre elles, parfois pendant plusieurs années. La recherche du plaisir sexuel et de relations avec un partenaire de l'autre sexe ou du même sexe n'existe pas que chez les bonobos.

CI-DESSUS ET CI-CONTRE

Les tétras mâles organisent de grandes aires pour l'exhibition de leurs attributs. Avant d'en arriver là, ils se sont confrontés pour obtenir leurs lieux de parade. C'est alors aux femelles de faire leur choix. Dès qu'elles se montrent, les mâles poussent leurs cris, de profonds glouglous, déploient leurs plumes et gonflent leurs sacs gulaires, qui prennent une couleur de plus en plus vive. Puis les sacs se vident d'un coup dans un bruit de claquement de fouet. Les femelles se révèlent très sélectives puisque quelques mâles auront la chance d'assurer la majorité des accouplements. Ce mode de parade des mâles répartis sur des petits territoires appelés « leks » se rencontre chez plusieurs espèces d'oiseaux mais aussi chez les mammifères, comme certaines antilopes d'Afrique ou les dugongs. Apparemment, il y a des zones plus propices que d'autres puisque, chez les tétras, un beau mâle prisé des femelles occupe la même aire année après année.

telle sorte que la ou les femelles allaitantes redeviennent fécondables. Ces infanticides s'observent dans beaucoup d'espèces : zèbres, gorilles, lions, tigres, singes entelles, etc. Donc un mâle puissant favorise son succès reproducteur comme celui des femelles. On comprend pourquoi la compétition entre les mâles sélectionne des individus aussi impressionnants. Les femelles vivent à la fois sous la protection du mâle résidant et sous la menace des autres mâles qui attendent leur tour.

Et l'amour dans tout ça? Les hommes, les mâles, cultivent volontiers une vision hédoniste du harem, ce qui n'est pas le cas chez les animaux. Le mâle puissant et résidant protège ses femelles et sa progéniture mais fait peu l'amour. Comme il s'assure l'exclusivité sexuelle des femelles, il ne copule que lorsque celles-ci sont en chaleur, c'est-à-dire après qu'elles ont sevré les petits. Il en est ainsi chez les gorilles, malgré la chanson de Georges Brassens. Les choses se passent simplement, tout le monde se connaît. Point besoin de parades bruyantes pour se séduire. Telle est la vie non rêvée dans les harems, où les mâles se montrent plus ou moins tendres dans leurs relations courantes avec les femelles et plus ou moins tolérants et protecteurs avec les jeunes. Le lion est peu amène envers les lionceaux, parfois menaçant, alors que le gorille se plaît à jouer avec eux et en douceur.

Le harem n'est pas une société de libido, sauf chez les félins quand une femelle est en chaleur. Non seulement les mâles ne font pas souvent l'amour, mais en plus il y a harem et harem. Chez les gorilles, le mâle est choisi par une ou plusieurs femelles non apparentées. Il est au centre. Chez les babouins géladas, les femelles sont toutes sœurs et le pauvre mâle fait ce qu'il peut pour que sa présence soit tolérée. Plus les femelles sont apparentées et solidaires, plus le mâle se trouve dans un état de stress car il doit en plus se préoccuper des autres mâles qui veulent prendre sa place (ne sachant pas ce qui les attend). La reproduction est hélas plus forte que l'affection.

Reste un type de harem moins fréquent, constitué par une femelle et plusieurs mâles: harem polyandre comme chez les petits singes d'Amérique du Sud : ouistitis, pinchés, tamarins et autres. Eux aussi rencontrent peu d'occasions de copuler. Ils se disputent les faveurs d'une belle puis restent avec elle pour s'occuper des petits, les porter, les protéger et les éduquer, même s'ils n'ont pas eu ses faveurs. Donc, polygyne ou polyandre, le harem suscite peu les jeux de l'amour.

DOUBLE PAGE PRÉCÉDENTE
Chez les nasiques, les femelles apprécient les mâles à gros nez. Un exemple surprenant des conséquences du choix des femelles sur les caractères des mâles. Car, si chez de nombreuses espèces présentant un fort dimorphisme sexuel la grande taille des mâles et de leurs attributs découle de la compétition intrasexuelle, il reste le choix des femelles dans le cadre de la compétition intersexuelle. Un mâle peut être plus puissant que les autres et les écarter, mais, s'il n'arrive pas à se reproduire, ses caractères ne seront pas sélectionnés. Les mâles proposent, les femelles disposent.

CI-CONTRE
Cette femelle et ce mâle ont décidé de partir faire une escapade amoureuse dans les hautes herbes. Quelque chose semble déranger le mâle, dont le nez et le pénis sont en érection. Il est fin prêt pour l'action, mais laquelle ?

PAGE SUIVANTE
Cet oiseau de paradis est un beau mâle qui exécute une danse de la jupe. Leur mode de séduction se fonde sur la seule démonstration de leur plumage et de leurs couleurs sur une aire préparée à cet effet. Ils attendent qu'une femelle s'intéresse à eux, puis expédient l'affaire promptement en en attendant une autre.

02

Scènes de vie amoureuses

Des femelles, des mâles et les jeux de l'amour

Les sciences naturelles n'ont longtemps eu d'yeux que pour les mâles, leur superbe, leur agressivité. Le vainqueur reçoit la soumission des autres mâles et, naturellement, toutes les femelles sont séduites et se laissent séduire. Dans la diversité de la nature, il en va bien autrement. Ce sont les femelles qui, aussi sûrement que fermement, régissent les jeux de l'amour.

CI-CONTRE
Le cerf et son brame expriment la superbe du mâle dans la nature. Mais qu'en pensent les femelles ? Souvent, elles préfèrent des mâles plus âgés et expérimentés, preuve de leur vigueur. On retrouve ces choix chez de nombreuses espèces de mammifères, de grenouilles et d'oiseaux, dont les voix prennent une tonalité plus grave. Les mâles aussi, lorsqu'ils ont le choix, préfèrent les femelles expérimentées, plus à même de protéger et d'éduquer leur progéniture, comme chez les chimpanzés. Pour revenir chez les cervidés, le brame a aussi pour effet de déclencher l'ovulation chez les biches. Chez de nombreuses espèces munies de bois ou de cornes, la présence d'un mâle puissant induit de tels changements chez les femelles.

Il arrive que plusieurs mâles s'incrustent parmi ou aux côtés des femelles formant des sociétés multimâles/multifemelles. De telles sociétés se retrouvent chez les canidés, les singes, les antilopes, les cétacés, etc. Dans certains cas ce sont les femelles qui dirigent, dans d'autres les mâles, mais, dans tous les cas, ce sont elles qui mènent la danse, sexe écologique oblige. En effet, la très grande majorité de ces sociétés, dans lesquelles les mâles ont le droit de rester s'organisent autour de femelles apparentées. Elles restent assez rares en raison des contraintes que ces mâles imposent pour l'accès aux nourritures et par leur dominance physique qui vont à l'encontre des exigences du sexe écologique.

C'est parmi les primates que l'on compte nombre de ces sociétés. Chez les lémuriens, comme les lémurs cattas, les femelles dominent le jeu et choisissent leurs prétendants au moment de la saison des amours. Cela devient délicieusement plus compliqué quand il n'y a pas de saison des amours et que les femelles peuvent être fécondables à tout moment de l'année. Chez les babouins et les macaques, on parle d'œstrus. Quand une femelle devient fécondable, ses parties génitales enflent tout en prenant une couleur vive variant du rose au pourpre. Il existe certainement des signaux olfactifs, des phéromones, bien que les stimuli visuels soient les plus importants, en tout cas perçus très clairement. La belle se pare de tous ses avantages, suscitant envie et rivalité entre les mâles du groupe.

Selon une idée reçue, seul le mâle dominant s'octroie le privilège de copuler avec la ou les femelles en œstrus. Il est vrai qu'il manifeste ses droits alors que l'œstrus arrive à son maximum, quand la femelle atteint son pic de fécondité. Seulement les femelles mènent aussi leur jeu, notamment parce que leur période de réceptivité sexuelle ne se limite pas à leur courte période de fécondité. Le ou les mâles dominants laissent les autres mâles avoir des relations amoureuses avec les femelles quand les signes de l'œstrus ne sont pas encore fortement exprimés, puis deviennent de moins en moins tolérants quand ils atteignent leur paroxysme. Tel est le jeu d'illusion du côté des mâles.

Les femelles choisissent leurs partenaires, que ce soit à la vue ou à l'insu des mâles dominants et de leurs prétentions. Dans des sociétés composées de nombreux individus des deux sexes et vivant dans des habitats dans lesquels les opportunités de se dissimuler ne manquent pas, difficile de contrôler tout le monde. Les femelles font donc des concessions envers le ou les mâles dominants et choisissent des mâles qu'elles préfèrent pour des raisons affectives. En agissant ainsi, elles troublent les mâles sur les incertitudes de leur paternité et en tirent tous les avantages. Si elles refusent de copuler avec le mâle dominant, celui-ci pourrait devenir une menace pour leurs petits. Si elles ne copulaient qu'avec celui-ci, les autres mâles seraient à leur tour une menace (la réponse dans ce cas est le harem polygyne). De telles sociétés avec plusieurs mâles sont possibles car les femelles sont d'abord apparentées et solidaires, mais aussi parce qu'elles sélectionnent des mâles protecteurs et tolérants. Car, chez les babouins et les magots, il ne suffit pas d'être le plus fort pour avoir les faveurs des femelles.

Les femelles vivant toute leur vie dans leur groupe natal, les mâles viennent forcément d'un autre groupe. Par conséquent, le jeune mâle adulte qui prétend s'insérer dans un autre groupe pour évidemment s'y reproduire aura fort à faire : d'une part, s'imposer aux autres mâles qui ne l'accueillent pas avec sympathie ; d'autre part, séduire les femelles qui refusent un individu trop agressif. On perçoit tous les talents dont devra faire preuve ce jeune mâle adulte dans le double défi de la compétition intrasexuelle avec les autres mâles et de la compétition intersexuelle avec les femelles.

Chez les babouins, le jeune mâle prétendant se comporte comme un Roméo des savanes qui courtise avec attention une ou plusieurs femelles. Il leur offre des jeunes antilopes ou des lièvres en guise de présent, se rapproche de plus en plus d'elles, les épouille et se montre attentif à leurs petits, dont il n'est évidemment pas le géniteur. Au fil des mois, ces femelles nouent des affinités avec lui et, lorsqu'elles seront à nouveaux en œstrus, elles en feront un partenaire sexuel dont elles sont sûres des bons sentiments envers leurs jeunes, même si elles entretiennent d'autres

CI-CONTRE
En haut, une biche s'enfuit, poursuivie par deux mâles empressés. Si cette biche avait été liée à un grand mâle aussi territorial que puissant, comme en bas, elle n'aurait pas ce genre de tracas. D'ailleurs les biches ne semblent guère perturbées par le grand brame destiné à avertir les autres mâles. Elles manifestent une préférence pour les mâles plus âgés et plus puissants, capables de défendre un territoire riche en ressources. La taille de la harde a des limites, ce qui laisse des biches et des mâles dans des situations plus précaires. Pour revenir à la scène du haut, il n'est pas rare qu'une biche et deux mâles aient des relations sexuelles dans diverses combinaisons.

CI-DESSOUS ET CI-CONTRE

Autant de jolies antilopes impalas éveillent le désir des mâles. La vie dans les savanes dépend des ressources alimentaires et aussi des prédateurs. Les femelles se regroupent, ce qui fait autant de paires d'yeux pour surveiller alentour et brouter avec une certaine quiétude. La saison de reproduction est courte et simultanée, ce qui permet de nombreuses naissances en même temps, avec de meilleures chances de survie des jeunes victimes d'une prédation intense. Les mâles s'efforcent de contrôler le plus grand nombre de femelles en les poursuivant de leurs assiduités et en affrontant les autres mâles. La tâche du mâle n'est pas aisée car avec toutes ces femelles en chaleur en même temps, il est difficile de tout maîtriser.

DOUBLE PAGE SUIVANTE

Vous avez de beaux yeux vous savez ! Ces biches sont moins intéressées par l'agitation des mâles que par les dangers de la savane. Si les femelles doivent se rassembler, que ce soit à cause de la distribution des nourritures ou à cause des prédateurs, les mâles s'efforcent de les contrôler à la fois en écartant les autres mâles et en mettant en place une stratégie de gardiennage. Si les femelles se dispersent, comme chez les petites antilopes dik-dik, plus forestières, ils ne peuvent en contrôler plusieurs. Alors ils s'accommodent de la monogamie, qui ne manque pas de charme chez ces jolies antilopes.

CI-CONTRE

Les parades de séduction engagent les parties les plus vulnérables, preuve de la confiance faite à l'autre. S'enlacer par le cou chez les girafes n'a rien d'anodin. Ici, un mâle et une femelle se frottent le cou avant de s'accoupler (avec le cou cette fois très tendu). Chez les mâles, les joutes ritualisées passent par des attouchements et des pressions au niveau du cou jusqu'à ce que les relations de dominance soient établies. Les mêmes comportements prennent des significations très différentes selon les protagonistes et le contexte.

DOUBLE PAGE SUIVANTE

Un long câlin à se rompre le cou !

CI-CONTRE
Avant d'entreprendre la femelle de cette façon, le babouin mâle a construit une longue relation de séduction et de confiance. Au fil du temps et des années, des femelles et des mâles établissent de réelles relations d'amitié, qui se traduisent par des préférences pour leurs relations sexuelles. Une certaine forme de fidélité aux sentiments.

relations amoureuses avec les autres mâles, dont les dominants en résidence depuis plus longtemps, et bénéficiant eux aussi de leurs amitiés affectives avec des femelles, notamment les plus dominantes. Ces comportements amoureux complexes se retrouvent aussi chez les magots, les macaques de l'Atlas en Afrique du Nord, où les femelles choisissent des mâles tolérants pour les jeux de l'amour et surtout pour leurs jeunes. Les femelles mènent le bal, d'autant qu'il est rare qu'une seule femelle soit en œstrus. Si plusieurs d'entre elles attirent les désirs des mâles, elles leur font tourner la tête car aucun d'entre eux ne peut contrôler les jeux admis ou cachés des amours.

Il existe d'autres sociétés multimâles/multifemelles, peu nombreuses, où cette fois ce sont les mâles qui passent leur vie dans leur troupe natale et les femelles qui migrent à l'adolescence. Il en est ainsi chez les singes-araignées ou atèles d'Amérique du Sud ou chez les deux espèces de chimpanzés d'Afrique, les chimpanzés robustes et les chimpanzés graciles ou bonobos. Bien qu'il existe des relations de dominance plus ou moins formelles entre les mâles, les jeux du sexe tolèrent de la promiscuité sexuelle avec des formes de tolérance plus ou moins permissives.

La hiérarchie des mâles chez les chimpanzés s'avère assez stricte. Mais, comme ils vivent dans des communautés occupant de vastes territoires forestiers sur lesquels ils doivent se disperser pour rechercher leurs nourritures, il est impossible de contrôler ce que font les uns, les unes et les autres. Quand une femelle est en œstrus, elle

CI-CONTRE

Chez les magots, l'enfant est au centre des relations entre les individus. Les macaques mâles de cette espèce peuvent se réunir autour d'un jeune, l'épouiller et l'embrasser avant de le confier au partenaire, qui fait de même. Les femelles sont très sensibles à ces manifestations affectives des mâles envers les jeunes, un critère prépondérant pour le choix de leurs partenaires sexuels. Même pendant la copulation, assez acrobatique puisque le mâle doit monter sur les genoux de la femelle, le jeune s'amuse à harceler gentiment le mâle occupé à autre chose.

offre aussi une assez longue période de réceptivité sexuelle fort convoitée. Le ou les mâles dominants tentent de faire valoir les privilèges qu'ils pensent être les leurs. Il se trouve que les femelles éprouvent aussi des préférences pour un partenaire parmi d'autres. Si celui-ci n'est pas le dominant et s'il est en butte à quelques hostilités de la part de ce dernier, les amoureux s'arrangent pour s'éclipser : ils partent en safari. Sinon, sûres de leur ascendant pendant ces longues périodes d'œstrus, les femelles négocient leurs charmes et leurs avantages contre de la nourriture et autres menus privilèges, ce qui peut leur attirer de petits ennuis avec leurs consœurs, d'autant qu'elles ne sont pas apparentées. Il y a donc des petits jeux, des amours licites, tolérés ou dissimulés chez les chimpanzés avec des partenaires qui, en dépit des contraintes sociales, s'arrangent pour partager leurs liens affectifs.

Que dire alors des autres chimpanzés, les bonobos, qui mêlent le sexe à toutes leurs relations sociales ? Leur habitude est de faire l'amour et pas la guerre, de s'engager dans des relations hédonistes plutôt que de rentrer dans un conflit. Ils pratiquent tellement l'amour dans toutes les circonstances, dans toutes les positions et dans toutes les combinaisons qu'on se demande s'il s'agit encore d'amour. Le découplage entre le sexe et la reproduction, les relations sexuelles obtenues sans parade pour séduire, sans offrande pour conquérir, sans volonté d'accaparer un partenaire préféré, semble se passer de l'amour. L'amour trop libre a-t-il besoin d'amour, de liens affectifs avec l'autre désiré ?

Toutes les sociétés multimâles/multifemelles ne pratiquent pas ces jeux de l'amour plus ou moins libres. La société des hamadryas, les babouins super-machos, s'organise autour de harems contrôlés de façon très stricte par le mâle dominant. Il existe une certaine rigueur puritaine puisque les mâles, très jaloux, évitent de courtiser une femelle appartenant à un autre harem, d'autant que, si deux ou plusieurs harems se déplacent ensemble, ce sont des harems dominés par des frères, puis des cousins, etc. Cette société ne semble pas très propice aux comportements amoureux, bien que la nuit, alors que les harems se retrouvent sur des falaises pour s'y reposer en sécurité, les femelles si soumises le jour se comportent en belles de soir et arrivent à tromper la vigilance aveugle de leurs super mâles. Chez les canidés comme les loups ou les lycaons, la société se retrouve au service d'un couple dominant, le seul autorisé à faire des petits que l'ensemble du groupe protège, éduque et nourrit. On trouve des organisations similaires chez les petits singes d'Amérique du Sud. Il arrive que la femelle dominante ne puisse pas inhiber le cycle de fécondité chez les autres femelles, le plus souvent ses sœurs et ses filles. Celles-ci peuvent être fécondées et donner naissance à des petits qui risquent d'être tués par la femelle dominante. L'amour est un jeu

CI-CONTRE
Le lion semble ne pas quitter des yeux sa lionne, un court moment de répit dans une série effrénée de copulations répétées tous les quarts d'heure. Cette frénésie permet de déclencher l'ovulation, et il faut assurer ensuite pour que les ovules soient fécondés. Si le lion mérite un titre royal, c'est bien sur le terrain de l'amour.

CI-DESSUS ET CI-CONTRE

Ces grues du Japon d'une rare élégance sont parmi les plus grands des oiseaux : elles mesurent plus de 1,60 mètre et, les ailes déployées, atteignent une envergure de 2,50 mètres. Au moment de la parade, le mâle et la femelle claquent du bec, glapissent et trompettent. Ils le font de plus en plus à l'unisson tout en se lançant dans une danse qui amène à la formation du couple pour la saison de reproduction, et parfois pour de longues années jusqu'à la disparition de l'un d'eux, même si la longévité se compte en décennies chez ces superbes grues.

DOUBLE PAGE SUIVANTE

En réponse au magnifique ballet *Le lac des cygnes* Il y a aussi la chorégraphie du « lac des grues ».

CI-CONTRE
La monogamie se reconnaît quand les mâles et les femelles ont la même apparence, particulièrement magnifique chez les grues couronnées. L'amour leur réussit, puisque leur plumage s'embellit avec la vie de couple. Ces grues sont très fidèles, alors que leur vie se prolonge jusqu'à une quarantaine d'années. Hélas, l'un finit toujours par disparaître avant l'autre, ce qui amène parfois le survivant à se suicider.

DOUBLE PAGE SUIVANTE
Les flamants sont des oiseaux très grégaires, adeptes de la vie en couple monogame. Chaque couple construit un nid assez simple et dès que le jeune peut marcher, il rejoint les autres dans de grandes nurseries. La stabilité des couples étonne au cœur d'une telle promiscuité, d'autant que les parades d'appariement sont très simples et peu perceptibles. Elles se limitent à une sorte de garde-à-vous avec le cou tendu vers le ciel, des battements d'ailes et des étirements horizontaux, ce qui est aussi minimaliste que primitif si on se réfère aux chorégraphies des grues ou des grèbes. La nidification n'est pas régulière puisqu'elle dépend des conditions des lieux de reproduction d'une année sur l'autre.

La monogamie ou la servitude de la vie en couple

Et si les seuls vrais animaux amoureux étaient les espèces qui vivent en couple ? La monogamie se révèle très répandue chez les oiseaux, beaucoup moins chez les mammifères, avec des exceptions notables chez les singes. Les perruches et les haras forment de magnifiques couples unis par les chants et les couleurs pour la vie. La tendre harmonie des deux partenaires se lit dans l'accord des mouvements de leurs corps, de leurs cous, de leurs têtes lorsqu'ils sont posés sur une branche, et aussi dans leurs vols somptueux.

Les manchots et les empereurs livrent une vision moins paradisiaque de l'amour en couple. Après une courte période de parade nécessaire à la constitution du couple, tous leurs efforts sont dédiés aux soins de l'œuf puis du jeune une fois né. Une abnégation exigée par le besoin de se reproduire où chacun, à tour de rôle, couve ou va chercher de la nourriture. L'amour de la vie passe avant l'amour de l'autre. Pas le temps de s'occuper de l'autre, le jeune accapare toute l'énergie du couple. Pourtant, l'année suivante, parmi ceux qui auront survécu, beaucoup de couples se retrouveront et s'uniront à nouveau pour procréer. Courts moments, peut-être, d'une affection qui n'a que de rares opportunités de s'exprimer. Sans cela, les manchots et les empereurs ne survivraient pas. Chez les oiseaux monogames, les femelles et les mâles affichent le plus souvent la même taille corporelle et des plumages de mêmes couleurs : de l'égalité en toutes choses, mais pas toujours pour les plumages.

DOUBLE PAGE PRÉCÉDENTE

Les flamants voient la vie en rose, ce qui n'est pas si évident. Leurs belles couleurs proviennent de la qualité de leur alimentation, notamment des caroté-noïdes contenus dans diverses algues et des crevettes (comme chez les saumons, qui, roses pour les mêmes raisons, s'épuisent pour se reproduire sans même connaître l'amour). Les flamants en parc zoologique ne se reproduisent pas tant que leur alimentation ne leur donne pas de couleurs vives. Les couples homosexuels sont courants et ils acceptent volontiers de prendre soin de l'éducation d'un jeune qu'on leur a confié, avec succès.

CI-CONTRE

Les roucoulements lancinants des tourterelles mâles, ici des tourterelles huppées, sont des messages envers les autres mâles exprimant la défense du territoire . Ils intéressent les femelles, qui jaugent leurs aptitudes à le défendre ainsi que ses ressources. Les deux partenaires d'un couple ne se quittent pas de l'œil, autant par affection que par vigilance. Le mâle accompagne le plus possible la femelle dans ses déplacements et renouvelle les accouplements pour s'assurer la fidélité de sa compagne.

Plusieurs espèces de petits singes d'Amérique du sud parmi les tamarins, les ouistitis et les pinchés s'unissent en couples monogames stables. Ils vivent avec leurs petits sur des territoires séparés de ceux des autres de la même espèce. Comme chez les oiseaux, il n'existe pas ou, très peu de dimorphisme sexuel entre les deux sexes, que ce soit pour la taille corporelle ou, les couleurs du pelage. Comme chez les oiseaux, le couple est entièrement dévoué à l'élevage et à l'éducation d'un seul petit aussi rare que précieux. Comme chez les oiseaux, le mâle s'implique dans ces lourdes tâches, bien moindres cependant car il n'a ni à couver, ni à allaiter, bien qu'il s'occupe de l'aîné sevré.

Plus près des hommes en termes de relations de parenté et d'évolution se distinguent les graciles gibbons de la péninsule indochinoise. Une dizaine d'espèces toutes monogames, avec des couples et leurs jeunes vivant sur des territoires séparés. Là aussi les mâles et les femelles sont de même corpulence. Chez certaines espèces, les deux sexes ont un pelage de même couleur, de noir à doré ; chez d'autres, le mâle a une livrée noire et la femelle une robe claire (on retrouve de telles différences chez certains lémuriens de Madagascar). Les gibbons sont parmi les rares mammifères chanteurs, parfois avec de belles mélodies. Ces vocalises servent plus à marquer leur territoire et la possession d'une femelle qu'à la séduire, ce qui est chose faite depuis que le couple est formé. À moins que ces chants ne servent aussi à entretenir des liens qui, sans cela, se distendraient. Les animaux amoureux gardent encore bien des mystères.

La vie en couple symbolise l'amour à vie, comme chez les tourterelles ou les cygnes. Toutefois ces espèces monogames partagent une caractéristique : être à deux et le plus unis possibles pour élever un jeune – rarement deux – aussi fragile qu'exigeant pour les soins, la nourriture et la protection. C'est l'inverse de ce qui se passe chez les espèces vivant dans des sociétés multimâles/multifemelles, où les jeux du sexe et de l'amour dispensent les mâles de s'impliquer comme parents. La monogamie appelle peu de relations sexuelles mais le plus souvent une présence et une assistance constantes, une vie à deux unis par les liens de la reproduction, avec un usage très modéré du sexe. Mais cela empêche-t-il l'attachement amoureux ?

L'égalité des tâches se traduit dans l'égalité des tailles corporelles, des parures ou des pelages, sauf dans de rares cas. Des mâles ou des femelles trop séducteurs dans leurs apparences respectives risqueraient de séduire ou de se laisser séduire par d'autres. Malgré toutes ces précautions, il semble, au moins chez les gibbons, que le mâle comme la femelle se préoccupent d'éloigner le congénère du même sexe qui vit sur le territoire voisin, ce qui n'empêche pas quelques amours illicites. Aussi, comme toute règle a ses exceptions, il existe quelques espèces monogames où les femelles sont plus grandes que les mâles, comme chez les oiseaux de proie, ou l'inverse chez les singes colobes rouges d'Afrique. La monogamie peut être trompeuse.

CI-DESSUS

Petits coups de bec et atomes crochus chez les perroquets et les loris, sans oublier les aras et les perruches. Ces oiseaux aux plumages flamboyants sont aussi beaux quel que soit leur sexe. Parfois, d'autres couleurs apparaissent après la formation des couples. Chez quelques espèces, les mâles et les femelles n'ont pas les mêmes couleurs et il arrive que les femelles soient plus colorées. Ces oiseaux préfèrent la vie en couple pour une saison, parfois plus. Comme ils sont grégaires, les occasions de changer de partenaire ne manquent pas. Il existe quelques exceptions, comme ces perroquets de Nouvelle-Guinée aux mœurs plus nocturnes où les mâles se rassemblent sur une aire pour parader avant d'être choisis.

DOUBLE PAGE PRÉCÉDENTE

La parade des perroquets mâles enchaîne courbettes, sautillements, démarches altières, hochements de queue et des battements d'ailes, sans oublier les clins d'œil avec l'iris dilaté. Ces attitudes peuvent se retrouver dans des comportements d'intimidation, les perroquets pouvant se montrer agressifs.

CI-DESSUS

Les magots de la photographie de gauche observent une situation qui mobilise leur attention, sans réelle inquiétude mais avec vigilance. Les adultes agissent de telle sorte que le jeune soit protégé au mieux, avec force affection. Après plusieurs années de soins et d'attention, les jeunes devenus adultes feront de même avec leur progéniture. Des expériences faites chez d'autres espèces de macaques réputées agressives montrent que, si l'on change la qualité des soins procurés aux jeunes, ceux-ci se comportent de manière plus douce et plus tolérante entre eux et avec leurs jeunes.

De l'amour sans la reproduction

La vie propose une belle diversité des aléas du sexe, de l'amour et de la reproduction. Dans les quelques exemples cités, on relève des préférences pour des partenaires sexuels, et dans d'autres cas, des comportements affectifs qui appellent peu de relations sexuelles. Il est évident qu'il ne peut y avoir de reproduction sans sexe. Mais, s'il existe de l'affection, du lien sans trop de sexe comme chez les espèces monogames, il arrive qu'il y ait du sexe sans amour, comme chez les bonobos. Reste une question à explorer : l'existence du sexe et de l'amour sans la reproduction.

Voilà le cœur de notre sujet : des animaux peuvent-ils être amoureux en dehors de la nécessité impérieuse de la reproduction ? La diversité des comportements entre les mâles et les femelles, dans la multitude des espèces comme au sein de chaque espèce, dévoile une pluralité d'attitudes qui ne peut pas se ramener à la seule exigence de la reproduction. La philosophie classique de la nature postule que les animaux n'agissent que par nécessité de transmettre le plus efficacement possible leurs gènes, que le sexe se fonde sur des instincts sans mobiliser aucune forme d'attachement ou d'affect. Cette vieille conviction se fragmente contre la diversité des attitudes amoureuses. Les mâles et les femelles exhibent tant de manières de se rapprocher, de se séduire, de s'accoupler, de rester ensemble, de se séparer, puis de se retrouver dans la diver-

CI-CONTRE
Que font ces kangourous, Attendent-ils l'amour au coin du bush australien ?

sité de leurs sociétés, comme d'assumer leurs obligations parentales, qu'il nous faut admettre l'idée bien plus séduisante du désordre amoureux dans la nature.

Ce désordre passe par les jeux de la fidélité et de l'infidélité. Le sexe procure des plaisirs, des tentations qui obligent parfois à se cacher pour quelques échanges à l'insu de l'autre ou des autres, dans certains cas avec de réels risques de punition. Dans les sociétés avec des harems polygynes, le mâle dominant ne peut pas surveiller toutes ces femelles sans cesse sollicitées par des mâles rôdant dans les parages. Chez les orangs-outans, de jeunes mâles adultes adoptent des attitudes furtives pour aborder les femelles sans se faire repérer par les grands mâles supposés contrôler les territoires des femelles. Cela signifie que chez nombre d'espèces les individus anticipent leur plaisir avec tel ou tel partenaire, que ce dernier en perçoit la demande, la comprend, la partage, l'accepte, renvoie des signes d'approbation jusqu'à s'engager dans une complicité toute dédiée à la rencontre des corps à l'insu des autres. N'est-ce pas là aussi une manière inattendue, du point de vue de l'orthodoxie frigide de certaines théories de l'évolution, de produire de la diversité ?

Si des comportements amoureux se détachent de toute exigence étroite avec la fécondation, et donc la reproduction, alors on devrait observer aussi des comportements amoureux entre des individus du même sexe, ce qui s'avère en effet bien plus fréquent qu'on ne l'imagine dans la nature. De tels comportements hédonistes et parfois amoureux ont été vus chez plusieurs centaines d'espèces d'insectes, de reptiles,

d'oiseaux (pingouins, mouettes, geais du Mexique...) et de mammifères (élans, loups, lions, cerfs, dauphins, bonobos...). Les relations sexuelles entre individus du même sexe sont très fréquentes, mais pas toujours amoureuses. Il arrive que ce soit des actes de soumission ou d'abus de mâles frustrés envers de jeunes adolescents, comme chez l'éléphant de mer. Les relations homosexuelles s'observent aussi entre adolescents, comme un apprentissage ; d'ailleurs, ce type de relations implique des affinités et forge des amitiés durables. Des interactions homosexuelles interviennent aussi entre adultes qui cherchent à s'assurer le soutien de leurs compagnons dans les conflits sociaux (lions, gibbons, chimpanzés, bonobos, hyènes, etc.). Ces différentes formes de sexualité – forcée, d'apprentissage, de circonstance ou politique – n'expliquent pas l'occurrence de réelles relations affectueuses et durables, comme chez les macaques, les lézards, les goélands, les pingouins, les lamantins, les putois, les murins, les cygnes, etc. Ainsi, se poser la question de l'amour chez les animaux ouvre un autre regard et oblige à épouser une autre logique, jusque-là aveugle à cause de vieux présupposés d'autant plus établis qu'ils ne reposaient sur aucune observation. Les variations autour de l'amour dessinent une mosaïque des comportements amoureux qui ne cesse de nous surprendre, comme chez les couples de flamants roses, d'oies ou de cygnes noirs qui, unis dans l'affection, acceptent d'adopter un jeune oisillon orphelin et, avec succès.

CI-DESSUS

Petit ballet de baleines à bosse. Chez de nombreuses espèces les mâles dépensent une énergie considérable pour séduire les femelles. Cela les conduit souvent à des comportements à risques. Utiliser l'environnement pour amplifier les effets de la parade, comme ici en retombant dans l'eau sur le dos, participe de ces démonstrations tapageuses.

DOUBLE PAGE SUIVANTE

Les cygnes sont de grands oiseaux migrateurs. Ils symbolisent la vie en couple monogame fidèle. Les liens du couple reposent aussi bien sur une forme d'attachement réciproque que sur des intérêts communs, car le mâle se montre plutôt agressif pour la défense de leur territoire, une agressivité qu'il emploie parfois pour bousculer la femelle et abuser d'elle. Il en va ainsi de la vie de couple chez les cygnes, avec une belle constance et un certain esprit de famille puisqu'il arrive que, la saison de reproduction suivante, les enfants de l'année précédente se joignent à leurs parents.

Les parades et les atours de la sélection sexuelle

La condition masculine n'est pas de tout repos. Il y a la compétition entre les congénères du même sexe et les rivalités pour séduire les femelles qui les ont à l'œil. Les effets de la compétition au sein du même sexe et entre les sexes produisent une diversité étonnante de tailles, de formes et de couleurs, avec des mâles puissants et d'autres aussi séducteurs que colorés. Mais il n'y a pas que les mâles, puisqu'eux aussi peuvent avoir des préférences pour des femelles toutes en beauté.

CI-CONTRE
Ces oiseaux de paradis déploient leur magnifique plumage avec des mouvements des ailes que ne renieraient pas les toreros. Les paradisiers expriment l'un des aspects les plus spectaculaires de la sélection sexuelle, qui donne des mâles extravagants dont le seul rôle consiste à frimer et à s'accoupler avec les femelles séduites par leur sérénade. Leur contribution à la reproduction se limite à cela.

Les contraintes de l'anisogamie sont telles chez les mammifères que persiste l'idée d'une contrainte biologique qui condamne les femelles au minimum de relations amoureuses. Si elles ont si peu d'ovules, à quoi bon des relations sexuelles avec d'autres partenaires ? Chez tous les animaux – insectes, poissons, oiseaux, mammifères –, les femelles séduisent ou se laissent séduire par d'autres mâles. D'une façon très générale, le vagabondage sexuel semble leur réussir puisque leur succès reproducteur s'en porte d'autant mieux. Plus elles se sentent sollicitées, plus cela leur réussit, et quel que soit le système social : célibat, monogamie, polygynie et, évidemment, polyandrie. En fait, la vie des animaux amoureux se dessine sur les jeux croisés de relations plus ou moins tolérées entre les mâles et les femelles, entre les amours licites et les amours cachés, en précisant qu'il serait erroné de croire que ces petites libertés sont dénuées de tout risque. En effet, si la diversité des partenaires bénéficie à la diversité génétique, cela favorise la diffusion d'agents pathogènes ; de même, des infidélités peuvent susciter des réactions violentes de jalousie ou la rupture de l'unité de reproduction. Il n'y a donc pas de corrélation entre l'anisogamie et les comportements amoureux, même chez les mammifères, puisque chez de très nombreuses espèces les mâles acceptent bon gré mal gré les choix des femelles. La récusation de ce faux principe biologique se retrouve dans la polyandrie comme système social, où les femelles copulent avec différents mâles, pas tous, mais les mobilisent tous pour l'éducation des jeunes. Les plus belles réussites à cet égard se trouvent chez les oiseaux comme les phalaropes, proches du canard, et surtout les jacanas des marais. La femelle jacana choisit divers partenaires et leur confie ensuite les

œufs. C'est le monde à l'envers, comparé à la polygynie. Alors on observe les mêmes conséquences, avec des femelles souvent plus corpulentes et au plumage plus coloré, plus promptes à s'engager dans des interactions agressives envers les autres femelles. Quant aux mâles jacanas, comme ils investissent plus dans les soins parentaux, ils se montrent très sélectifs sur le choix de leurs femelles. Ces oiseaux mettent à mal le complexe d'Icare.

Le sexe devient une affaire très compliquée chez les animaux, très sexués à cet égard, et avec la question du coût parfois extravagant des mâles nécessaires. Les insectes sociaux et d'autres insectes réduisent le rôle des mâles à la stricte fonction de réservoirs de diversité, réservoirs parfois consommés au passage par les femelles (peut-on parler d'amour dévorant?). C'est l'inverse chez les vertébrés, notamment chez les plus complexes, ceux à sang chaud comme les oiseaux et les mammifères. Cette évolution passe par des formes de vie sociale de plus en plus complexes, avec une sélection basée sur la viabilité de jeunes de plus en plus exigeants, que ce soit pendant la gestation ou après. L'évolution du côté des femelles impose de plus en plus de contraintes sur leur succès reproducteur, jusqu'à ne plus disposer que d'un nombre limité d'ovules; quant aux mâles, s'ils continuent à produire autant de spermatozoïdes, ils font l'objet de sélections drastiques de la part de femelles de plus en plus regardantes sur leurs qualités de géniteurs, qu'elles jaugent dans leurs capacités de séduction. Dès lors s'ouvre un opéra fascinant entre les diverses stratégies des femelles et des mâles.

La sélection sexuelle recouvre tous les comportements qui amènent des individus à se retrouver, à se séduire pour se donner l'un à l'autre. Tout cela n'a qu'un but ultime : faire se rencontrer et fusionner des gamètes entre des individus de sexes différents séparés par l'évolution et les exigences de la « reine rouge ». Seulement, de Darwin à aujourd'hui, la théorie de l'évolution se distingue par une obsession : comment agit un individu pour diffuser au mieux ses gènes ? Du point de vue des mâles, il suffit de copuler avec le plus grand nombre de femelles, consentantes ou non. Quant à celles-ci, elles ménagent leurs efforts et subissent la loi des mâles, limitant le plus possible leurs relations sexuelles. Point d'amour dans tout cela, que de l'efficacité et de la rigueur. Alors pourquoi tant de comportements amoureux, de débauches de chants, de parades, de pelages et de plumages ? Une fois de plus, on s'est laissé aveugler par ces mâles séducteurs sans s'apercevoir de la subtilité des attitudes des femelles. Les jeux de l'amour déploient une diversité étonnante d'interactions entre les sexes. Commençons par les fanfaronnades des mâles, avant de décrire les subtilités des femelles.

DOUBLE PAGE PRÉCÉDENTE
Quelle belle déclaration d'amour ! La femelle regarde et jauge froidement la prestation du bellâtre, sachant à quoi s'en tenir. Les séducteurs séduisent et c'est tout. Si ce mâle fait une fausse note, elle ira voir si un autre s'égosille et gesticule mieux. Ayant fait son choix, elle se contentera d'une brève copulation et s'occupera seule de sa nichée.

CI-CONTRE
Au moment de la saison des amours, les frégates mâles se perchent isolées ou en groupe au milieu des branchages et attendent le passage des femelles. Quand l'une d'elles arrive le mâle gonfle son jabot écarlate et lance de puissants cris sonores. Si la séduction opère, elle se pose près de lui. Alors le mâle la couvre de son aile. Après quelques gesticulations, ils construisent leur nid ensemble.

CI-CONTRE

Les paradisiers mâles comme ce raggiana consacrent toute leur énergie à l'acquisition d'un superbe plumage. Ils se disputent les meilleurs endroits des arbres pour le mettre en lumière. Ces oiseaux et leur beauté résultent du choix des femelles, qui sélectionnent les géniteurs à leur convenance. Ils font leurs parades, mais ce sont les femelles qui choisissent leurs partenaires et qui les font danser.

DOUBLE PAGE SUIVANTE

Les paradisiers tiennent leur nom de leurs plumes magnifiques. D'ailleurs des oiseaux d'une espèce voisine, les oiseaux jardiniers, s'empressent d'accaparer les plumes perdues par des paradisiers, qu'elles déposent fort pertinemment devant leurs constructions étonnantes pour attirer les femelles de leur espèce. En fait, le paradis n'est-il pas pour les femelles, qui choisissent avec quel mâle s'accoupler sans en attendre rien d'autre ?

La compétition entre les mâles

Les mâles n'existent que par la nécessité de proposer de la diversité génétique et de favoriser la fixation des caractères avantageux des espèces dans la course incessante de l'évolution, la « reine rouge ». Ils sont donc en compétition entre eux (compétition infrasexuelle) et aussi l'objet d'une sélection parfois drastique de la part des femelles (compétition intersexuelle). Se reproduire pour un mâle passe par diverses épreuves qui, d'une espèce à une autre, combinent la force, la beauté, le panache, la bravade, l'attention, le charme, la tendresse, l'agressivité… déployés sur des registres différents selon les exigences des deux types de compétition sexuelle et sous l'œil attentif et pas toujours tendre des femelles.

Attirer et séduire les femelles

Le dimorphisme sexuel prend toutes les formes selon les espèces depuis des mâles minuscules par rapport aux femelles jusqu'à des mâles deux à trois fois plus corpulents. Chez la plupart des insectes, les mâles jouent un rôle qui ne dépasse guère les prétentions de leur taille ridicule par rapport à celles femelles. Ils se contentent d'être des pourvoyeurs de variabilité génétique ou des partenaires nécessaires le temps de la période de fécondité. Ils accomplissent leur devoir le plus souvent en se faisant dévorer ou en mourant après leur ultime mission. Chez les poissons de grand fond

CI-DESSUS

Petites disputes entre grues, grands oiseaux aux chorégraphies des plus étonnantes. Les danses nuptiales servent à la formation du couple si les deux membres arrivent à coordonner leurs mouvements, même s'ils sont ritualisés.

C'est toute la difficulté du ballet : des règles communes pour se comprendre entre individus d'une même espèce, et une exécution qui mobilise des aptitudes individuelles.
Le renouvellement de ces danses consolide les liens du couple, comme leur association dans des conflits avec les autres membres du groupe.

proches des baudroies, les petits mâles se fixent comme des sangsues sur le corps de la femelle et pompent son sang. Ces femelles de baudroie ont des têtes effrayantes, l'inverse abyssal de la gueule d'amour, qui ne favorisent pas l'épanouissement des mâles chétifs.

L'égalité des sexes, tout au moins pour la taille et les apparences du pelage et du plumage, s'observe chez les espèces monogames. Les oiseaux se distinguent parmi les grands groupes de vertébrés comme les plus enclins à la vie à deux. Une femelle et un mâle s'unissent pour une saison d'amour et de reproduction, parfois pour plusieurs saisons, parfois pour la vie. Sans préjuger de l'absolue fidélité des partenaires, ils nouent de forts liens d'attachement. La disparition de l'un des membres du couple plonge souvent le survivant dans une profonde détresse qui peut le mener à la mort, d'autant que les deux sont unis pour subvenir ensemble aux besoins d'un ou de plusieurs jeunes très exigeants en matière de soins, de protection et de nourrissage. Les perroquets, les aras, les mésanges se dévouent car unis, si ce n'est pour la vie, pour donner la vie.

Le plus souvent, les couples monogames font nid et territoire à part, mais il existe de nombreuses espèces d'oiseaux monogames vivant au sein de grandes colonies (grues,

CI-DESSUS
La vie en couple parmi les autres couples n'est pas exempte de conflits. Il peut s'agir ici d'un fou de Bassan qui agresse un congénère qui passe trop près de son nid ou d'une querelle de couple, l'un considérant que l'autre commet une infidélité ou ne contribue pas suffisamment aux tâches parentales. La jalousie est aussi une des facettes de l'amour, et elle est très répandue chez les animaux, qui s'aiment peu, un peu ou à la folie.

grèbes, hérons, flamants, fous de Bassan, etc.). Dans ce cas, les couples se forment pour une saison, quitte à se retrouver l'année d'après (ils ne sont pas territoriaux, sauf pour la protection du nid). Au cours de la période des amours, les cris et les chants des mâles servent à indiquer qu'ils ont un territoire et qu'ils savent le défendre. Les femelles se plaisent à inspecter les territoires de ces mâles, à jauger de la qualité des nids, et font leur choix. Les chants et les cris sont à double usage : faire venir des femelles et écarter les autres mâles. Un message d'amour pour les unes, un avertissement pour les autres.

Une variante de ces démonstrations territoriales s'observe chez les tétras-lyres où les mâles s'excitent sur un petit territoire entouré des territoires de ses rivaux. Ils paradent en menant des tapages bruyants accompagnés de démonstrations colorées avec gonflement de la gorge ou de la poitrine, tout en déployant leur plumage. Les femelles les regardent se démener et font leur choix, parfois même en décidant de s'accoupler avec plusieurs de ces frimeurs tapageurs et dansants, comme chez les chevaliers combattants, ainsi nommés en raison de leurs joutes.

Pourquoi les mâles de tant d'espèces d'oiseaux se rassemblent-ils ainsi, paradant les uns à côté des autres sans apparemment se préoccuper de ceux qui les côtoient ? On

retrouve cette étonnante réunion de prétendants agités chez des insectes comme les lucioles, les crabes violonistes, ou quelques mammifères comme les dugongs ou vaches de mers, ou encore chez les antilopes topis, les gazelles de Thomson et les gnous. Une telle concentration de mâles attire les femelles. Dès qu'elles approchent, ils entament leur danse bruyante tout en déployant leur plumage. Sur ce curieux échiquier des jeux amoureux, les territoires les plus centraux attirent le choix des femelles, avec souvent de fortes inégalités à la hauteur des dépits amoureux puisque, chez certaines espèces de tétras ou de coqs de bruyère, les heureux élus assurent presque tous les accouplements.

Les parades comme préalable à l'assentiment des femelles exigent des mâles actifs et souvent colorés, comme chez nombre d'espèces de poissons et d'insectes. Les plus belles parades s'observent chez la gent ailée, avec des ramages éblouissants. Les paons attirent leur dulcinée en ouvrant leur grande queue et en montrant les ocelles de leur plumage. Que dire des plumages des oiseaux de paradis ?

C'est chez les oiseaux que l'on observe les comportements les plus extravagants, avec des attitudes qui les amènent à risquer leur vie. Cela s'appelle la théorie du handicap. Il y a en fait deux types de handicaps, comme ces plumages aussi encombrants

DOUBLE PAGE PRÉCÉDENTE

Ces cygnes s'envolent peut-être pour leur migration saisonnière. Ils reviendront pour la prochaine saison de reproduction. Certains couples continueront, d'autres se formeront. Les jeunes des nichées précédentes reviennent aussi, offrant assistance à leurs parents pour les jeunes de l'année. Cela bénéficie évidemment aux parents, mais ils apprennent aussi à éduquer des petits. Car beaucoup de ces choses de l'amour envers l'autre et envers ses petits s'apprennent.

CI-DESSUS

Chez les ours, les grands mugissements du mâle indiquent sa qualité de géniteur. Les mâles ont des comportements agressifs car, étant plus nombreux que les femelles, ils ont des chances de reproduction plus minces. La femelle en chaleur se lie pendant plusieurs jours avec un mâle. Ils jouent et multiplient les copulations qui déclenchent l'ovulation. Après cela, la femelle s'en va. Elle peut se livrer à quelques libertinages avec d'autres mâles ou les éviter, car ils peuvent se montrer agressifs. Les mâles pratiquent l'infanticide s'ils sont sûrs de ne pas être les géniteurs des deux précieux oursons que la femelle défend violemment contre tout intrus, quelle que soit son espèce.

CI-CONTRE

À regarder ces deux kangourous, on pourrait imaginer des jeux amoureux. En fait, ces deux mâles se livrent à un combat ritualisé pour décider de leurs relations de dominance. En évitant de porter des coups violents, ils maintiennent les conditions possibles d'une vie sociale dans des groupes multimâles.

que magnifiques qui rendent leurs porteurs plus voyants et plus empêtrés face aux prédateurs. Il y a aussi les comportements qui, dans leurs excès, peuvent mettre leur vie en danger. Chez les cratéropes écaillés, les femelles apprécient ceux qui savent prendre des risques pour être aimés. Les vols nuptiaux des oiseaux de proie (aigles, éperviers) sont des circonvolutions étourdissantes, des acrobaties qui défient la pesanteur. Plus étonnant encore, ces femelles de manakins ou de chevaliers combattants qui ne s'intéressent aux agitations des mâles que s'ils sont au moins deux, et choisissent l'un d'eux pour s'accoupler.

Des démonstrations physiques sont plus rares chez les mammifères. Les baleines à bosse mâles se lancent dans de grands sauts verticaux, jaillissant comme d'immenses colonnes hors de l'eau et se laissant retomber sur le dos en ouvrant les flots. En fait, du côté de l'amour comme de la séduction, les mammifères se montrent assez peu séducteurs, peu chanteurs et encore moins enclins à parader, ce qui se traduit par la piètre diversité de leurs toisons. L'inégalité de l'investissement parental entre les femelles et les mâles se retrouve aussi dans leur faible propension à faire la cour.

Les combats entre les mâles

Les mammifères mâles préfèrent assurer des situations de dominance plutôt que de se lancer dans la séduction. Les brames des cerfs, les appels, les charges servent à défendre un territoire, et surtout à dissuader les autres mâles de s'approcher. Ces avertissements ne suffisent pas toujours, ce qui conduit à des combats parfois spectaculaires, rarement mortels car ritualisés.

CI-CONTRE
Les oropendolas d'Amérique du sud construisent de grands nids suspendus de 60 cm à 2 m de haut. Ils vivent dans des colonies composées de quelques mâles associés chacun à plusieurs femelles. Le chant du mâle est tout aussi étonnant que ses parades d'acrobate qu'il effectue autour d'une branche en battant des ailes et en déployant les belles plumes de sa queue.

Les kangourous mâles se livrent à des luttes étonnantes avec des attitudes de pugilistes et selon des règles arrêtées, comme l'interdiction d'utiliser leurs puissants membres postérieurs et leurs griffes, qui pourraient déchirer l'abdomen de leur adversaire. Les combats entre les hippopotames, immenses gueules ouvertes et crocs puissants, n'ont rien de baisers amoureux car, de l'issue de la confrontation, dépend l'acquisition d'un territoire d'autant plus désiré qu'il est proche de celui des femelles. Les girafes s'affrontent avec leurs longs cous, frappant celui de leur adversaire jusqu'à risquer de le briser ou le glissant sous une de ses pattes arrières pour le renverser. Chez des équidés comme les zèbres, les manœuvres sont vicieuses, avec des ruades ou des morsures portées vers les parties génitales. Ces combats se retrouvent dans la grande diversité des espèces portant des cornes ou des bois, avec des chocs frontaux chez les cerfs, les daims, les antilopes, les bovidés ou encore les béliers, souvent chatouilleux sur ces questions.

Ces confrontations viriles, ritualisées, se terminent dès que l'un des adversaires accepte sa défaite et manifeste un comportement de soumission. Le plus souvent, les prétendants à la domination masculine se livrent à des démonstrations d'intimidation, comme la charge en se frappant la poitrine chez les gorilles ou l'exposition des canines chez les babouins et les macaques. Ces rivalités se retrouvent chez les espèces, avec un fort dimorphisme sexuel qui favorise les grandes tailles corporelles et parfois les armes dissuasives ou d'attaque qui vont avec. Ces attributs exhibés dans des démonstrations codifiées suffisent le plus souvent à écarter l'un des protagonistes. Si ce n'est pas le cas, le combat s'engage accompagné de l'usage parfois mortel de ces armes ; telles sont les formes spectaculaires de la guerre intrasexuelle chez les mâles.

La compétition entre les femelles

La compétition des mâles qui paradent sur leur territoire se passe comme si chacun avait fait la paix des braves. Cette situation observée par les femelles résulte en fait d'une compétition antérieure très intense pour la conquête des parcelles les plus favorables puisque, grâce à cela, quelques mâles assurent presque toutes les copulations. Les mâles les plus dominants s'efforcent de conserver ces parcelles d'amour, parfois pendant des années. En amour, il faut savoir durer.

La stratégie séductrice des « leks » laisse la part belle aux femelles qui exercent leur choix. Il n'empêche que cette fois elles sont en compétition entre elles pour choisir le partenaire le plus désirable selon leurs critères, des critères qui poussent ces femelles vers les mêmes mâles, au grand dam des autres mâles. Chez les oiseaux, elles copulent puis s'en vont s'occuper seules de leur nichée. Peu de géniteurs pour de nombreuses femelles, de petits fragments amoureux accaparés le temps d'une brève rencontre. Chez les antilopes, les femelles se regroupent autour de ces beaux mâles capables de défendre un territoire et ses ressources pour elles et leurs jeunes.

Les oiseaux de paradis, nommés ainsi en raison de la magnificence de leurs plumages, et les oiseaux lyres s'arrangent pour parader et faire resplendir leurs superbes plumes. Les belles les regardent, les jaugent. Si elles acceptent la rencontre, celle-ci sera brève puisque le bellâtre expédie l'affaire pour se remettre à ses gesticulations chamarrées en vue d'attirer une autre belle. Des séducteurs qui aiment peu et qui évitent tout investissement parental. Tout dans la frime.

Les oiseaux jardiniers, nantis de bien tristes plumages, compensent leur manque d'éclat par des constructions souvent impressionnantes. Les plus spectaculaires

CI-CONTRE
Les kobs mâles des savanes africaines adoptent la stratégie des « leks » comme chez les tétras et les coqs de bruyère. L'acquisition d'une parcelle est l'enjeu de rivalités. Une fois que les mâles se sont arrangés entre eux, les femelles viennent inspecter les leks et leurs résidants. Certains leks semblent plus propices aux accouplements et font l'objet de rotations. Il est probable que les marqueurs chimiques laissés par des accouplements précédents induisent de telles préférences. La stratégie des leks présente plusieurs avantages : les mâles se livrent à des combats ritualisés sans être excités par la présence des femelles ; celles-ci font leur choix et, d'un lek à un autre, cela permet de donner une chance à des mâles moins puissants sans susciter de violence de la part des plus dominants ; tout cela au plus grand bénéfice de la variabilité génétique.

sont de véritables huttes de plus d'un mètre de haut, adossées à un jeune arbre faisant office de mât central. Le sol, dégagé ou aménagé avec de la mousse, présente des offrandes disposées en petits tas. Ce sont des coquillages, des cailloux de diverses couleurs, des plumes perdues par des paradisiers, des fruits... Ces objets sont rassemblés par couleurs, jusqu'à sept différentes. Certains peignent les montants de leur édifice avec du charbon de bois ou avec le jus de fruits écrasés dans leur bec. De faux nids d'amour qui ne sont en fait que des garçonnières pour des amours de passage. La femelle séduite par une telle entreprise inspecte la construction et, si elle est consentante, accepte la copulation. L'affaire est vite conclue et le mâle entrepreneur mais guère entreprenant va même jusqu'à chasser la femelle à coups de bec afin qu'elle dégage la place pour une éventuelle suivante. La femelle séduite et éconduite ira pondre son œuf ailleurs et s'occupera seule de son oisillon. Les mâles des diverses espèces d'oiseaux jardiniers ne fabriquent pas tous des constructions aussi impressionnantes : certaines se limitent à une aire aménagée, à quelques présents et à une allée édifiée avec des hautes herbes. La compétition passe par la surenchère entre ces édifices, que des voisins jaloux tentent d'endommager ou de piller pour chiper les objets disposés comme présents.

DOUBLE PAGE PRÉCÉDENTE
Chaque zèbre possède une robe différente et, dans cette scène de fin de journée dans la savane, les juments et leurs étalons s'en vont tranquillement, chacun ayant sa place.

CI-DESSUS
Scène paisible de vie familiale chez les magots. Les liens fraternels et affectifs se tissent pendant les longues années de l'enfance, comme avec cette mère à gauche entourée de son nouveau-né et de son aîné.
Chez les macaques, en général, l'enfant unique fait l'objet de beaucoup de soins de la part de la mère, et parfois du groupe chez les magots. Alors, quand un nouveau né arrive, celui qui devient l'aîné vit deux situations difficiles : le sevrage et puis le fait que la mère se consacre désormais au tout-petit. Les liens affectifs perdurent et s'expriment différemment. Plus il y a d'amour, plus les souffrances peuvent être fortes, surtout si ces changements au cours de la vie ne sont pas bien maîtrisés.

Chez d'autres espèces, les mâles conçoivent de vrais nids d'amour très sophistiqués, embellis aussi de divers cadeaux, que les femelles visitent avec un œil exigeant. Si l'une d'elles trouve le lieu à sa convenance, ils s'unissent, le mâle s'engageant dans l'éducation parentale. Certains laissent la belle au nid et se chargent d'aller quérir la nourriture ; quelque peu soupçonneux, ils referment leur précieux nid et les fruits de leur union. Dans un cas, les femelles choisissent ce qu'elles considèrent comme un bon géniteur ; dans l'autre elles sélectionnent un mâle travailleur et capable de s'investir dans l'éducation de leurs jeunes. Les moyens ne conduisent pas aux mêmes fins, ainsi vont les caprices et les exigences des amours.

Le choix des femelles, notamment chez les oiseaux, entraîne les mâles dans une débauche d'artifices, qui passent par une grande diversité de formes de séduction pour leurs apparences et leurs comportements. Chez les cratéropes et d'autres, les femelles se désintéressent des mâles qui paradent seuls. Elles préfèrent les voir en compétition. Ces surenchères les incitent à sélectionner les mâles qui chantent le plus longtemps ou ceux qui varient les mélodies. Elles apprécient les mâles qui s'agitent au cours de longues parades, indice de leur bonne santé et de leur vigueur. Elles aiment les beaux plumages, qui attestent des individus capables de trouver les nourritures permettant leur développement comme leur entretien, dont l'éclat exprime l'absence de parasites. Elles apprécient aussi que, malgré tous ces beaux handicaps aussi voyants que tapageurs, ils aient survécu, autant de signes de leur superbe.

Il y a aussi les cadeaux nuptiaux. Nombres d'insectes offrent un présent pour ne pas se faire dévorer ou pour profiter de la femelle pendant qu'elle consomme son cadeau, et surtout avant qu'elle termine. Donner un poisson est fréquent chez les oiseaux pêcheurs (sternes, martins-pêcheurs, etc.), c'est le gage d'un mâle apte à nourrir sa petite famille. Chez les singes, notamment chez les chimpanzés et les bonobos, les échanges nourriture contre sexe sont habituels.

Ces comportements de séduction se retrouvent chez les insectes et aussi chez divers reptiles ; ils ne sont pas très répandus chez les mammifères non plus, assez peu séducteurs en général. On est loin des envolées séductrices des oiseaux. En la matière, les mammifères mâles ont tendance a être un peu lourds.

CI-CONTRE
Les oiseaux jardiniers compensent leur manque d'apparat par des constructions végétales. Ce sont parfois de simples allées aménagées, comme ici, ou de vraies huttes monumentales peintes et entourées de présents de toutes les couleurs. Ces édifices ne servent qu'à attirer les femelles et les séduire, de simples nids d'amours.

Des apparences dans les jeux du sexe et de l'amour

Après une si longue évolution et avec une telle diversité d'espèces, peut-on dégager quelques règles à propos des jeux amoureux et de leurs effets sur les différences de taille entre les femelles et les mâles et sur leurs comportements ?

CI-CONTRE
La monogamie se reconnaît lorsque les membres du couple ont la même taille. Les plumages peuvent être de même couleur ou différents. Chez de nombreuses espèces, les couleurs embellissent quand le couple est constitué, signe de la réussite de leur union. La monogamie est rare chez les mammifères où, on retrouve les mêmes critères. Chez les gibbons, graciles singes qui se suspendent dans les arbres des forêts d'Indonésie, il arrive aussi que la femelle et le mâle aient des pelages de couleurs différentes ; c'est le cas chez les lémurs macacos de Madagascar. Comme toujours, il y a exception qui confirme encore la règle ; même dans l'histoire de la vie, on hésite avant de s'engager pour la vie.

Les quelques règles générales qui président aux différences d'allure entre les mâles et les femelles sont magnifiquement respectées quand les rôles des sexes sont inversés. La polygynie sélectionne des mâles puissants en raison de la compétition intrasexuelle, et souvent dotés de pelages et de plumages superbes en raison de la sélection intersexuelle (il en est de même chez les poissons et les insectes). La polyandrie respecte la règle, mais en donnant les habits des mâles aux femelles et réciproquement. C'est à la fois simple et compliqué comme l'amour.

De cette diversité des attitudes amoureuses chez les animaux se dégagent quelques constantes que l'on retrouve dans toutes les grandes lignées. Elles ressortent des différences de morphologie entre les femelles et les mâles. Chez les insectes et autres arthropodes, les mâles se limitent au rôle de pourvoyeurs de diversité génétique. Ils se montrent aussi discrets que petits comparés à leurs grandes femelles, très voraces à leur encontre. Il existe aussi de très nombreuses espèces où les mâles paradent (mouches, moustiques), arborent de belles couleurs (papillons), chantent (cigales, criquets) ou illuminent la nuit des feux de l'amour (lucioles, vers luisants). Dans quelques lignées, les mâles atteignent une taille comparable à celle des femelles (libellules, mantes), plus rarement une corpulence supérieure (coléoptères). Les femelles ont pris le pouvoir sur les choses du sexe et de la reproduction.

Les vertébrés décrivent une très grande diversité des rapports de taille entre les sexes, depuis les minuscules mâles des baudroies réduits à des parasites accrochés à l'im-

mense corps de la femelle avec laquelle ils se sont liés pour la vie dans la longue nuit des abysses jusqu'à la domination écrasante de l'éléphant de mer, trois fois plus gros que ses graciles protégées. Chez les poissons, on se complaît dans la diversité des genres, avec de nombreuses espèces chez lesquelles les individus changent de sexe au cours de leur vie. Curieux jeux de l'amour, avec des rôles parfois interchangeables. Dans le monde du silence existe une diversité de parades, de modes de fécondation et de reproduction que les espèces aériennes développeront bruyamment.

Les amphibiens (grenouilles, crabes) vivant entre deux fluides – l'air et l'eau – acquièrent de nombreuses innovations dans le rapprochement des corps. Ils ajoutent aux jeux amoureux les vocalises, faisant sortir les déclarations amoureuses du monde du silence.

Les contraintes de la reproduction chez les animaux à sang chaud, les oiseaux et les mammifères, exacerbent les jeux de l'amour dans la plupart des lignées en donnant du plus beau rôle aux mâles, en tout cas dans les apparences. Le survol de la diversité des comportements amoureux permet de dégager quelques règles.

Un fort dimorphisme sexuel à l'avantage des mâles trahit des comportements machistes, des plus séducteurs aux plus dominants, et l'absence d'investissement parental. Ces

CI-DESSUS

Baisers entre perroquets. Difficile de parler de baiser chez les oiseaux à cause du bec. Pourtant les baisers et les contacts avec la bouche donnent un goût de l'autre grâce à la salive, distillant des messages subtils et inconscients de la compatibilité immunitaire. Le premier regard comme les premiers parfums perçus de l'autre, les baisers comme les attouchements et les parades, tout cela ne vise qu'à un but ultime : faire un individu de la même espèce et différent.

Quel drôle d'oiseau que le manakin à longue queue ! Quand les mâles arborent un plumage flamboyant, leur contribution à la reproduction se limite à la séduction et à un bref accouplement, sollicité par la femelle qui fait son choix. Ici, la taille du mâle n'est pas vraiment supérieure à celle de la femelle, puisque les mâles ne rivalisent que par leur parade et non par confrontation physique antagoniste directe. Chez le manakin, la femelle ne se déplace que si deux mâles paradent ensemble, puis décide de s'accoupler avec l'un d'eux ; tant pis pour l'autre. De telles associations de deux mâles engagés dans la séduction de femelles au bénéfice de l'un des deux se retrouvent chez d'autres espèces d'oiseaux, comme chez les chevaliers combattants, et plus rarement chez les mammifères, comme les babouins.

mâles sont obsédés par l'accaparation de plusieurs femelles et angoissés par les tentatives des autres mâles. Certains se montrent doux et protecteurs comme les gorilles, tolérants vis-à-vis des écarts amoureux de leurs femelles comme les entelles ou les nasiques, dépassés par les événements comme les orangs-outans, mais le plus souvent coercitifs comme les canards, les béliers, les éléphants de mer ou les babouins hamadryas.

Machiste pour machiste, autant y mettre de belles formes comme chez les oiseaux, où le dimorphisme sexuel entre les mâles passe aussi par la séduction. La compétition intrasexuelle entre les mâles favorise de plus grandes tailles corporelles ; la compétition intersexuelle sélectionne des mâles exhibant de superbes plumages et capables de les mettre en valeur. Les femelles exercent leur choix et n'attentent guère plus de ces magnifiques frimeurs. Elles savent à quoi s'en tenir et recherchent une brève relation amoureuse, sans s'encombrer d'un mâle susceptible d'entraver leurs activités. Des petits inconvénients et petits arrangements avec les amours volages.

Les femelles s'adonnent au marivaudage chez les espèces, assez peu nombreuses, vivant dans des systèmes sociaux multifemelles/multimâles. Les mâles, plus corpulents que les femelles, mais dans des proportions moindres que chez les machistes précédents, usent de leur puissance dans les conflits intrasexuels, alors qu'ils doivent faire preuve de tolérance face à la frivolité des femelles et se montrer protecteurs pour leurs petits. Force et dissuasion envers les autres mâles ; faire la cour pour que les femelles les préfèrent à leurs rivaux. L'acceptation ou la tolérance pour la promiscuité sexuelle se traduit par une compétition plus intense pour le sperme, les mâles pourvus de testicules plus volumineux se trouvant avantagés, sans oublier leur capacité à s'engager dans des relations sexuelles prolongées et le plus souvent répétées. Sexe et préférence amoureuse émaillent les relations entre les sexes.

C'est l'inverse chez les espèces monogames où les deux sexes possèdent la même taille corporelle où, d'un point de vue amoureux, les relations sexuelles sont peu fréquentes mais les liens d'attachement souvent très forts même si chez quelques espèces les partenaires multiplient les copulations pour leur ôter l'énergie, si ce n'est l'envie, d'aller voir ailleurs . Peut-on parler d'amour pour la vie ? Ses liens ne proviennent-ils pas de la seule nécessité d'assurer à deux les soins de jeunes très exigeants. Ne sont-ils pas ensemble que pour défendre un territoire dont il faut défendre les ressources ? Il ne fait aucun doute que les raisons ultimes de tous ces comportements sont la reproduction et la continuité de l'espèce. Mais ces raisons doivent-elles forcément évacuer toute forme d'attachement, de sentiments, d'émotion, de désir, en un mot d'expressions amoureuses en attendant les mots d'amour ?

CI-CONTRE
Cette femelle macaque du Japon se réfugie contre un mâle autant parce qu'il fait froid que pour se réchauffer le cœur. Les mâles de cette espèce doivent se montrer assez tendres s'ils veulent maintenir des liens privilégiés avec des femelles, celles-ci arrivant à se passer d'eux en formant des couples homosexuels durables.

Et l'amour dans tout cela ?

A-t-on trouvé de l'amour chez les animaux ? Il y a du sexe mais est-ce là la chose essentielle ? Chez la plupart des espèces, les partenaires se limitent à des rencontres éphémères. Chez les autres, les partenaires se lient pour une saison, parfois pour la vie, ou se séparent pour mieux se retrouver l'année suivante. Et puis, comment expliquer la stabilité de ces couples du même sexe sinon par de l'affection réciproque sans souci de procréer ?

CI-CONTRE
Quel besoin de se reposer ainsi, corps contre corps, chez ces deux lionnes ? Non seulement elles ne craignent rien, mais en plus il doit faire chaud. Chez les animaux à sang chaud, vivant longtemps et consacrant beaucoup de temps à l'éducation des jeunes, les relations affectives sont indispensables et elles passent par ces contacts entre les corps. Ces relations se retrouvent entre adultes. Pour revenir aux lionnes, leur grande crainte est la venue d'un mâle étranger qui menacerait leurs petits. Leurs liens très forts leur permettent de se coaliser pour chasser des mâles autrement plus puissants.

Il existe hélas une tradition scientifique aussi rigide que frigide qui ne jure que par la guerre des sexes, que par la compétition à outrance. Une éthologie de l'adversité qui trouve tout à fait naturel qu'il y ait des conflits entre les individus d'une même espèce, mais qui récuse par principe toute forme de réconciliation, d'amitié, d'affect et d'amour. Du côté de la vie et de sa logique, l'évolution, le but ultime est la perduration de l'espèce, qui est la conséquence de la différence de succès reproducteur entre les individus (sélection naturelle et sélection sexuelle). Mais la vie n'évolue que parce qu'elle s'appuie sur la variabilité, qui se retrouve dans la diversité des moyens inventés par le sexe et la sexualité. Alors, n'en déplaise aux causes ultimes, pourquoi ne pas adopter un regard plus amoureux sur ces choses de la vie ?

Il existe une grande diversité de systèmes sociaux chez les animaux, à la fois par leurs structures (le nombre de femelles et de mâles adultes dans un groupe) et par les relations privilégiées entre les individus adultes d'un même sexe et entre les sexes. L'amour n'exige pas forcément la monogamie, une vie le plus souvent à deux fondée sur la nécessité d'être réunis pour éduquer un petit très demandeur de soins et de protection. Il y a différents degrés d'investissement parental des mâles, le plus souvent très limité, parfois important comme éducateur et protecteur. Sur quels comportements se fonde la femelle pour choisir tel ou tel mâle ? Les parades, les offrandes, les chants participent d'un superbe éventail de modes de séduction et de sélection. Chez quelques espèces, le sexe devient découplé des fonctions de reproduction et entre dans les jeux complexes des échanges de plaisirs où interviennent

d'autres plaisirs, comme des nourritures très appréciées. Par un beau retournement des obligations de la vie, le sexe ne devient plus l'aboutissement, le but exigé par la reproduction, mais un moyen servant à établir des liens plus affectifs entre des partenaires.

Reste une question : ces relations amoureuses découlent-elles de la recherche plus ou moins consciente d'une relation hédoniste entre deux partenaires ou sont-elles suscitées par la chimie de l'amour ? Le puritanisme machiste des sciences de l'évolution a trop longtemps considéré uniquement les intérêts des mâles, les femelles ne cédant ou ne se donnant qu'au mâle le plus fort. La sélection sexuelle se ramenait aux seuls jeux de la compétition entre les mâles, ce qui impliquait que les femelles n'éprouvent aucun plaisir sexuel. Alors pourquoi autant de tromperies ? Qu'est-ce qui incite des individus, notamment chez les femelles, à rechercher des relations clandestines au risque de sévices parfois mortels ? Car les écarts amoureux s'observent chez presque toutes les espèces et une fois de plus quels que soient les systèmes sociaux. Cela provient-il de la recherche du plaisir, ce qui implique des intentions plus ou moins conscientes nées de l'organe le plus sexuel qu'est le cerveau, ou alors est-ce une question de stimuli transportés par les phéromones, les molécules de l'amour ?

CI-DESSUS
Le pic épeiche vit en famille et est plutôt du genre bruyant. Les pics sont en général monogames et territoriaux. Le couple se lie pour la vie, sauf chez le pic épeiche, où c'est pour quelques années.

La parade allie des tambourinages, des exhibitions en vol et des cris puissants, ce qui sert aussi à marquer le territoire. L'égalité des sexes fait que les deux sexes percent des trous.

Les longs baisers et les caresses précèdent l'accouplement.

jouissent des délices de l'accouplement face à face et presque les yeux dans

partenaires et nécessaires pour augmenter les chances de fécondation.

L'attachement opportuniste ou constant entre des individus de sexes différents passe-t-il par des médiateurs chimiques comme les phéromones (la chimie de l'amour) ? Par des modifications hormonales dans le cerveau (autre chimie du cerveau) ? Ou de façon bien plus complexe, par des capacités cognitives d'évaluation et d'appréciation entre les partenaires ? Le sexe et l'amour ne sont pas que des réponses, plus inconscientes que conscientes, à des stimuli biochimiques. Les comportements, l'apprentissage de la vie en société, l'observation des adultes par les jeunes (neurones miroirs, compétences sociales de la mère et des autres membres du groupe…) participent à des constructions mentales qui feront qu'un individu sera plus apte à séduire et à s'investir affectivement que d'autres.

La sexualité et le sexe apparaissent très tôt dans l'histoire de la vie, ce qui signifie qu'on retrouve les recettes déclinées à partir des mêmes éléments fondamentaux. Quel étonnement de constater que la grande diversité des phéromones provient d'une même famille de molécules ancestrales ! Seules de petites variations de la chimie de l'amour distinguent les signaux d'une espèce à une autre, chez les insectes comme chez les oiseaux et les mammifères. Il existe des molécules pour attirer des partenaires sexuels, mais aussi pour les éviter. La « reine rouge », décidément l'inévitable marâtre du sexe, chérit tant la diversité que des mécanismes subtils passant par les odeurs font que les

CI-DESSUS
Le plus étonnant dans les approches amoureuses, c'est que des comportements menaçants, comme les canines du mâle largement exposées, prennent une tout autre signification, même si faire l'amour est un acte très violent. Quant aux expressions faciales au cours de l'accouplement, leurs significations sont aussi universelles que la sexualité.

membres d'une même fratrie, des frères et des sœurs, ne peuvent s'attirer. La chimie de l'amour filial n'est pas celle de l'amour sexuel. Il en va de même pour les molécules de la séduction, celles qui donnent les palettes colorées des pelages et des plumages, que l'on retrouve dans toutes les grandes lignées. Des phéromones aux apparences des corps sans oublier toutes les gammes des appels et des chants, il semble que tous nos sens, des plus inconscients aux plus conscients, n'existent que pour une seule chose, se rencontrer. Il existe aussi des molécules qui facilitent des unions durables, comme la citosine que l'on retrouve chez les espèces monogames. En Amérique, les campagnols des montagnes, monogames, sont imbibés de citosine, ce qui n'est pas le cas des campagnols des plaines, bien moins inhibés dans leurs mœurs sexuelles. Est-ce que la si belle diversité des relations amoureuses se réduit à ces parfums des amours ? Certainement pas, sinon nous n'aurions pas autant de variations autour de l'amour au sein des mêmes espèces. Les phéromones agissent à l'insu des individus, mais chez les animaux les plus évolués interviennent des mécanismes de plus en plus complexes au niveau cérébral, ce qui fait que ce bel organe, le cerveau, est le siège de tous les jeux de l'amour.

Tout ce livre est consacré à ces individus qui ne se connaissent pas et qui, pour au moins un des deux sexes, ont quitté leur groupe natal et l'amour des leurs pour se lier, de façon éphémère ou pour le reste de la vie, à un autre.

Un autre regard amoureux des animaux

Si l'amour c'est du sexe et de l'émotion, alors on doit saluer Charles Darwin, qui a publié deux livres majeurs, *La filiation de l'Homme en relation avec la sélection sexuelle* en 1871 et *De l'expression des émotions chez l'Homme et l'animal* en 1872. Dans le projet initial, ces deux livres n'auraient dû en faire qu'un. L'ampleur des connaissances et leur synthèse ont obligé l'auteur à concevoir deux ouvrages. Dans chaque titre apparaît l'Homme, car Darwin était persuadé que tous nos comportements, toutes nos émotions et même toutes nos capacités mentales – les plus nobles comme les plus viles – sont issus de notre évolution. N'en serait-il pas de même de notre propension à l'amour ? Dans ce cas, ne devrait-il pas exister des animaux amoureux ?

Dans la vie des individus, une relation amoureuse commence par une rencontre. C'est l'inverse dans l'histoire de la vie car les relations amoureuses proviennent d'une séparation, celle des filaments d'ADN qui conduit à la distinction des sexes et aux diverses formes de sexualité. La sexualité selon une partition qui se joue avec deux sexes résulte elle-même d'une longue évolution. Les changements de sexe chez les poissons, les fantaisies de l'hermaphrodisme ou les variations de genre chez les oiseaux et les mammifères en dépit de leurs chromosomes sexuels décrivent la difficulté de la séparation des sexes. Car, si séparer les gamètes est une chose, les faire se rassembler en est une autre. Tous les jeux de l'amour proviennent de cette nécessité : trouver des partenaires pour perpétuer la vie.

Être amoureux, n'est-ce pas avoir un autre regard sur l'autre ? La question des animaux amoureux s'ouvre par un autre regard sur la diversité de la vie, ses facéties émouvantes et colorées autour de la reproduction. Si nous découvrons à peine que les animaux peuvent être amoureux, n'est-ce pas parce que nous sommes restés trop longtemps aveugles devant ce grand acte d'amour qu'est la vie ? Un regard faussé à cause de l'œil à facettes de nos représentations façonnées par les multiples courants des mythologies, des religions, des philosophies et des sciences. La tradition dominante de la pensée occidentale entretient une grande aversion vis-à-vis de tout sentiment humain attribué aux autres espèces. Cette même pensée a aussi enfanté la théorie de l'évolution, perçue encore trop souvent comme une enfant indésirable. L'évolution reste comprise comme une lutte impitoyable pour la survie sous la houlette terrible de la sélection naturelle, cette « sorcière aux ongles et aux dents rouges de sang » selon une caricature sinistre. Quelle erreur ! L'évolution est pleine de couleurs grâce à la « reine rouge » et aux jeux de l'amour.

Il existe pourtant une guerre des sexes, dont l'intensité va de la tendresse à la rudesse selon les rapports entre les femelles et les mâles. On croit parfois voir de l'amour là où ce n'est que soumission et, inversement, on décrit des antagonismes violents alors qu'il s'agit de l'expression du plaisir. L'intérêt suscité par les mœurs sexuelles des bonobos réveille le mythe d'une société originelle et hédoniste organisée autour des facéties de l'amour. Cela est vrai si l'amour se limite aux seuls actes sexuels, au demeurant fort brefs et répétitifs et sans échanges affectifs ou presque. Le découplage entre la reproduction et les liens entre deux individus du même sexe oppose une autre image, celle des relations affectives qui, si elles passent par le sexe, n'en sont que l'expression très partielle. Combien d'accouplements entre deux mâles de diverses espèces (canards, chimpanzés, cerfs, canidés…) présentés comme des manifestations amoureuses alors qu'il s'agit d'actes de domination formels très coercitifs. À ne se focaliser que sur l'acte sexuel, on s'égare et on perd l'amour, à moins de considérer que le viol soit un acte amoureux. Les abus sexuels et les copulations forcées ne semblent pas très répandus mais ne sont pas rares pour autant, comme chez les grenouilles, les canards, les cygnes, les éléphants de mer ou les orangs-outans… (en fait ces copulations forcées ne rencontrent pas de succès reproducteur, ce qui montre bien que le consentement mutuel est nécessaire et pourquoi pas un peu d'amour). Le harcèlement sexuel s'observe chez de nombreuses espèces sous des formes diverses. Les dauphins mâles ne cessent de solliciter la femelle, qui finit par céder. Le désir suscité par les femelles devient souvent un enfer chez les espèces unimâles/multifemelles, où les mâles pratiquent un gardiennage très strict. Si le mâle résidant est assez puissant, les femelles seront protégées du harcèlement des mâles célibataires (tigres, gorilles). Mais, si la situation s'avère instable, les femelles subissent des relations forcées avec les mâles périphériques, ce qui fâche le mâle résidant : il peut alors sévir très violemment, mettant en danger la vie de la femelle qui a fauté bien malgré elle sans oublier que ces mâles, usant de leur formidable dominance physique, n'hésitent pas à forcer leurs compagnes comme chez de nombreuses espèces de canards et d'oies, chez les moutons, les koudous, les éléphants de mer et bien d'autres encore. Chez d'autres espèces, les mâles recourent à des menaces plus ou moins directes à l'exemple de ces babouins ou de ces antilopes topis mâles qui séquestrent un petit pour faire céder la mère. Le sexe n'est pas l'amour en soi. Il se manifeste dans des circonstances très diverses qui passent par la soumission, la coercition, l'agression, la négociation, l'échange d'avantages et, parfois, l'amour. Pour qu'il y ait de l'amour, il faut un consentement mutuel, le désir d'une relation éphémère ou durable entre deux individus du même sexe ou de sexes différents, quel que soit le système social. Les harems polygynes semblent les moins propices à l'amour dans les quelques exemples cités plus haut, mais il existe de vraies affinités entre les partenaires, comme chez les lions et les gorilles. La brutalité des relations chez les babouins hamadryas n'exclut pas la recherche de plaisirs clandestins lors de rendez-vous préparés entre une femelle et un mâle célibataire. Les jeux de l'amour entre divers partenaires dans les sociétés multimâles/multifemelles passent par des attentions, des offrandes, des liens avec les enfants. Les femelles choisissent plusieurs partenaires, bien que les mâles dominants exercent de réelles pressions et offrent des degrés de tolérance très variables selon les espèces (babouins, magots, chimpanzés...). Il y a bien sûr les espèces monogames, image idéalisée de l'amour à deux et pour toujours, où l'attachement imposé par la dure nécessité d'élever la progéniture s'immisce, faisant presque disparaître les liens affectifs qui ont amené les partenaires à s'unir.

Les relations amoureuses se lisent dans la rencontre des corps, appellent les mouvements pour se rapprocher, pour les parades, pour les caresses et pour faire l'amour. L'amour fait courir et exige les actions les plus épuisantes, les plus violentes et parfois les plus risquées. L'acte sexuel n'est acte amoureux que lorsqu'il s'inscrit dans des signes, des attentes, des désirs. Ce sont tous ces comportements qui dévoilent les comportements amoureux, non pas le seul acte sexuel, souvent bien éphémère, mais tous ces gestes comme une main posée sur l'épaule de l'autre, de longs moments d'apaisement en demeurant côte à côte, les cous enlacés ou les encolures tête-bêche. Découvrir les animaux amoureux, c'est devenir amoureux de la vie.

making-of

CI-CONTRE, À DROITE
Philippe Barbeau et son enregistreur sur disque dur Deva. Il a travaillé avec **Martine Todisco** le son de tous les films de **Laurent Charbonnier** depuis près de trente ans. César du meilleur son pour *Microcosmos*.

CI-CONTRE
Laurent Charbonnier à la caméra au Kenya, février 2006.

CI-DESSOUS
Éric Travers s'est fait un ami à Bornéo.

CI-DESSUS
Laurent Charbonnier dans la colonie de Fous à pieds bleus au Mexique en décembre 2006. Auteur d'une quarantaine de documentaires animaliers depuis près de trente ans pour TF1, France3, Canal+, BBC, ABC, National Geographic...

CI-DESSOUS
Martine Todisco au Kenya. Elle est l'auteur des enregistrements aussi en Écosse, au Maroc, à Singapour, au Mexique, au Japon, au Costa Rica, aux États-Unis et en France.

DOUBLE PAGE PRÉCÉDENTE
Laurent Charbonnier en affût en Australie, novembre 2005. Il y aura eu des milliers d'heures d'attente et d'affût pendant ces deux années de tournage.

CI-CONTRE, PAGE DE GAUCHE
Sylvain Bardoux et son collègue australien pour le mouvement de grue qui nous emmène vers le paradisier de victoria près de Cairns en Australie.

CI-DESSUS
Avec la caméra et grue télécommandée pour le plan du travelling sur la Rousserolle Effarvatte, Chambord juin 2006.

CI-DESSOUS
Premier tournage avec les grenouilles vertes en Sologne – mai, juin 2005. Beaucoup d'autres images seront faites ainsi, dans l'eau, dans la boue, des heures durant...

CI-DESSUS, EN HAUT
Dans un marais près du château de Chambord, transport de matériel par **Nicolas Desainquentin** et **Corentin Chaillon**.

CI-DESSUS
Visite sur le tournage à Chambord de **Jean-Pierre Bailly**, producteur (à droite), **Sophie Bataille**, attachée de presse et **Philippe Baisadouli**, directeur de production.

CI-CONTRE, À GAUCHE
Philippe Barbeau installe ses micros avec bonnettes anti-vent DPA, utilisés pour la stéréophonie, Bornéo août 2006.

CI-CONTRE, À DROITE
Martine Todisco et son micro canon, pour saisir les grondements et le langage des éléphants, Kenya, février 2006.

CI-DESSUS
Passage délicat d'un pont au Kenya lors d'un repérage.

CI-DESSUS
Corentin a la perche, Martine au magnétophone. Deux cent cinquante heures d'enregistrement pour constituer la bande sonore du film. Lion et lionne se préoccupant assez peu de notre présence.

CI-CONTRE
Laurent écoute les sons de Philippe au retour d'un tournage en Papouasie. Philippe est aussi l'auteur de l'enregistrement des sons en Australie, à Bornéo, en Suède, en Pologne et en France. Il a supervisé toute la bande sonore jusqu'à la fin du mixage.

CI-CONTRE
Avec **Sylvain Bardoux**, chef machiniste au Mexique. Travelling avec les Fous à pieds bleus.

CI-DESSOUS
Visite d'un Pélican lors du tournage avec les Fous à pieds bleus.

CI-DESSOUS
Avec **Pierre-Emmanuel Chaillon** au Mexique. Pierre-Emmanuel a réalisé avec **Mathilde Louveau** le Making-of de 52 minutes. Il a suivi les deux années de tournages.

CI-DESSOUS
Transport délicat du matériel dans la colonie de frégates. **Sylvain Bardoux** fût chef machiniste sur les films *Himalaya*, *Le Peuple Migrateur*, *Le Dernier Trappeur* et a fait de nombreux tournages pour Les *Animaux amoureux*.

CI-DESSUS
L'équipe en tournage ; dans la plupart des pays, des images aériennes ont été effectuées, pas pour filmer les animaux mais pour faire de longs travellings et paysages aériens.

CI-CONTRE
Montgolfière au Kenya. Trois matinées de tournage pour les images aériennes au Kenya – paysages sublimes.

CI-DESSUS, EN HAUT
Dans le Jura hivernal.

CI-DESSUS
Éric Travers faisant des acrobaties pour faire la photo ci-contre. Éric aura suivi la plupart des tournages assurant ainsi le suivi photo des *Animaux amoureux*.

CI-CONTRE, À GAUCHE
Eric Travers à l'affût en Australie. Attente des Kangourous près d'un point d'eau

CI-DESSOUS
Philippe Barbeau en plein interview. Cette photo est faite dans un parc près d'Adélaïde en Australie. Les Kangourous viennent manger dans la main, ce qui facilite la prise de sons de proximité...

CI-CONTRE, À DROITE
Pierre-Emmanuel et Corentin avec deux papous en forêt dense, en Nouvelle Guinée. Pendant que Laurent et Maryse sont à l'affût des Paradisiers de Lawes, le reste de l'équipe attend 200 mètres plus loin.

CI-DESSUS
Pierre-Emmanuel Chaillon pendant le tournage du Making-of, proche de l'équipe image, polyvalent.

CI-DESSUS
Tour de 20 mètres au Costa Rica (mars 2007) pour filmer le Cassique de Montezuma. On aperçoit les nids des oiseaux qui pendent des branches de droite. Partout dans le monde nous avons monté des structures importantes pour être au bon niveau.

CI-CONTRE
Corentin Chaillon aux États-Unis sur le site des Gélinottes. Il aura aidé **Philippe Barbeau** et **Martine Todisco** pour le son, fait avec son frère de nombreuses photos quand **Éric Travers** était absent, et toujours prêt à aider **Sylvain Bardoux**.

CI-DESSUS
Laurent Charbonnier en haut de la grue en mouvement avec les Cygnes Chanteurs au Japon, février 2007.

CI-DESSUS
En repérage avec **Philippe Baisadouli**, le directeur de production, Idaho aux États-Unis, fin mars 2007.

CI-CONTRE
Éric Travers en tête à tête avec le Macaque Japonais.

CI-DESSUS, À GAUCHE
ET À DROITE
Maryse Charbonnier, assistante caméra : montage et démontage de caméra, chargement des films par grande chaleur et par grand froid, sur tous les tournages des *Animaux amoureux*.

CI-CONTRE, À DROITE
Installation affût et micros pour un enregistrement en 5.0 avec les Gélinottes des Armoises, Idaho, États-Unis, mars 2007.

CI-CONTRE, À GAUCHE
La séance de prise de sons et d'images est terminée. Les Gélinottes sont sur leur site de parade du petit jour, jusqu'à 9h30 du matin. Le reste de la journée permet de préparer les affûts pour le lendemain.

LISTE DES ESPÈCES PHOTOGRAPHIÉES

MC4 présente

LES ANIMAUX AMOUREUX

Un film de Laurent CHARBONNIER
Avec la voix de Cécile de FRANCE
Musique originale de Philip GLASS

Scénario : Laurent CHARBONNIER
Image : Laurent CHARBONNIER, Thierry THOMAS, Guy SAUVAGE, Jean-Philippe MACCHIONI, Christian PETRON, Richard FITZPATRICK
Son : Philippe BARBEAU, Martine TODISCO
Montage : Jacqueline LECOMPTE, Axelle MALAVIEILLE
Mixage : Florent LAVALLEE

Un film produit par Jean-Pierre BAILLY
Une production MC4
Avec la participation de TFM Distribution – CANAL+ - TPS.
En coproduction avec FRANCE 3 Cinéma – JMH – TF1 International
Un film parrainé par EDF, avec le soutien de la Fondation Nicolas HULOT.
Avec le soutien de Centre Images et de la région Franche-Comté.
Distribution France : TFM Distribution
Distribution Internationale : SND
Bande originale du film disponible chez POLYDOR / UNIVERSAL

REMERCIEMENTS

Mes remerciements les plus tendres à Christine Picq qui a relu le texte avec un regard amoureux et sans faille. Pascal Picq

Merci à Lou Travers d'avoir attendu sagement tous les retours de son papa. Éric Travers

L'éditeur remercie tout particulièrement Marion Pragout et Julie Le Bras pour leur aide précieuse.

Le choix artistique des images a été fait par Céline Travers.
Photos Corentin & Pierre-Emmanuel Chaillon pages:
16-18-19-38-47-58-59-60-61-63-90-91-93-94-95-97-98-99-106-107-108-115-137-145-184-186-189-191-195-196-197-215-221-228-229

D'après le film de laurent Charbonnier, *Les Animaux Amoureux*, produit par MC4.
Avec la participation de TFM Distribution – Canal + – TPS.
En coproduction avec FRANCE 3 Cinéma – JMH – TF1 International.
Un film parrainé par EDF, avec le soutien de la Fondation Nicolas Hulot.
Photos d'Éric Travers/SIPA press ;
photos de Corentin et Pierre-Emmanuel Chaillon /MC4

Responsable éditoriale : Joan Le Boru
Direction artistique : Sabine Houplain
Maquette : Gaëlle Chartier
Secrétariat d'édition : Clara Engel
Lecture-correction : Catherine Lucchesi
Fabrication : Rémy Chauvière

Photogravure: Quadrilaser
Achevé d'imprimer en France chez Pollina - L44677a
Dépôt légal : octobre 2007
ISBN : 978-2-84277-734-0
34/1896/9 - 01